STUART MCHA[...] e an eer syne he wis a
student in Embra in the 1960s, ne nas been screivin in an studyin
the auld leid. In the 1990s while Director o the Scots Langauge
Resource Centre his joab wis tae promote the Mither Tung an
this included screivin in Scots fer various newspapers an ither
p[ub]lications. He is the author o a puckle books in Scots an has
l[a] [b]een veesitin schuils tae bigg up yung fowk's kennin o the
t[...]. An the leid his figured strangly in his wark as baith a
t[...]tional musician an a storyteller ower monie years an the
f[...] o his publishit poetry his aye been in Scots. He wis deeply
i[nv]lved wi the Vigil for a Scottish Parliament (1993–98) an
[...]ived *Scotland's Democracy Trail* wi Donald Smith in 2014,
[...]n he wis gey active in the push for independence, braidcastin
a[n] performin at monie events. Fer monie years he has lectured on
a [v]ariety o topics, includin Scotland's Radical History, fer
E[d]inburgh Univairsitie's Centre for Open Leaning.

The Wey Forrit

A Polemic in Scots

STUART McHARDY

Luath Press Limited

EDINBURGH

www.luath.co.uk

First published 2017

ISBN: 978-1-912147-01-4

The paper used in this book is recyclable. It is made from low chlorine pulps produced in a low energy, low emissions manner from renewable forests.

Printed and bound by
Bell & Bain Ltd., Glasgow

Typeset in 12 point Sabon and Solitaire by
3btype.com

Contents

Whit Wey Forrit Nou?

THERE'S NAE doot that the result o the election cawit bi Theresa
May on 8 June 2017 came as a richt shock tae monie. Despite a
boak-makkin an doonricht disgracefu personal assault on
Jeremy Cobyn bi the mainstream media their howpit-fer clean
sweep o aw afore her bi the Prime Minister jist didnae happen.
The bampot Brexiteers were stoppit in their tracks bi the voters,
o England oniewey. Up here north o the border things werenae
jist quite the same an there seems tae be an affy lot o fowk
gettin theirsels intae a richt steer anent the drive taewards
independence. Shair the SNP lost 21 o their seats in the
posh-boys natterin-hoose o Westminster, bit the results o the
last election that gied them 56 oot o 59 seats were maist likely a
reflection o the ongaun volatility o politics as muckle as these
latest results. The blatts are fou o stories aboot jist hou

wonderfu Wee Shoutie (a.k.a. Ruth Davidson) is fer managin
tae get mair seats in Scotland while her buddie Theresa wis
losin them doon sooth an this is gettin some fowk affy feart that
the impetus taewards independence is noo gaein backarties! Gin
there's anither election in the short term, the wey they are
biggin the quine up micht see her bein offerit a safe seat sooth o
the border, which micht jist plaise monie fowk up here.

Bit are the howps fer an independent Scotland in the short
tae medium term that damaged? Whit happenit wis that the
Tories had a surge in Scotland – aff the back o spendin a
fearsome lot o siller in the seats they targettit – wi whit seems
tae be the sleekit support o the Lib Dems, whause chairge
taewards irrelevance gangs ivver on. This wis biggit up on a
media-supportit attack on the SNP on three fronts – indyref,
eddication an health – that micht mak ye think they had
advance warnin o Theresa May's 'snap' election. Twa relevant
facks were totally ignored bi the media in their support fer Tory
an Labour attacks on the Scottish Government – that Scotland's
budget keeps getting cut bi Westminster, an in eddication the
SNP hae been strugglin wi local Labour cooncils fer years. An
these cooncils hae haud a policy o fechtin the SNP at ivvery turn,
nivver mind onie resultin hairm tae oor bairns' eddication. Whit
is clear, bit, is that the SNP were caught oot an nivver mountit
onie kind o real campaign tae coonter the combined attacks o
the Unionist pairties. A wuid suggest that, in spite o aw the
triumphalism o the Unionists, the fack that we still hae an SNP
majority o Scottish seats at Westminster means that things
arenae aw that bad.

Houanivver, there are thngs that maun be said anent hou
badly the SNP did, fer losin Alex Salmond an Angus Robertson
cannae be seen as oniethin bit a richt skelp in the puss fae the

electorate. Bit ask yersel this: did haein 56 oot o 59 MPs doon on the banks o the Thames mak muckle difference tae the wey things were warkin oot? A'm no shair that it did – ither nor giein a heeze tae the confidence o Scottish Independistas – or that they cheenged muckle ava. Tae the MSM naethin they ivver did cuid be o onie uise an the only media organ that micht hae reflectit whit they were daein, an providin, as a viable vyce o opposition – the BBC – are sae thirlit tae the British estaiblishment that they wuid raither hae oniebuddie fae UKIP on their screen afore a buddie that representit oniethin ither nor Unionism in Scotland. An this in despite o the SNP haein had 56 o 59 MPs. They're cheengin their line a wee bittie noo, but onlie as far as Jeremy Corbyn is concernit. Their adherence tae the the delusion that the British Empire still means somethin is absolute, an the mantra 'SNP bad' is still their slogan.

That said, the SNP hivnae been daein a verra guid job in steerin up even their ain potential electorate. The softly-softly approach whaur awthin they dae seems coatit wi an aura o competent bourgeois managerialism isnae whit is needit. Jeremy Corbyn showit that even in England fowk cin, an will, respond tae alternatives tae the neo-con austerity politics that hae damaged sae monie fowks' lives this past few year. An the fack he did it by copyin a lot o whit are core SNP policies rubs saut in the wound. The SNP micht nivver be capable o bein a true radical pairty in terms o addressin the fundamental inequalities an excesses o global capitalism (the ongaun despoilation o the nation's capital bi carpet-bagger property speculators, cashin in on an oot o control tourism sector bein an obvious case in pynt) bit tae be shown up bi the Labour Pairty (in England) is pathetic. The policy o showin competence an no fleggin the cuddies is nae wey tae bring on Indpendence, which bi onie wey

9

o thinkin is a truly Radical step. An tae think, as they seem tae
dae, that they can mak this particklar omelette athoot brakkin
onie eggs is jist stupit. The fowk they need tae bring on board
arenae trust-fund mangers, or IT professionals, but jiners,
nurses, posties, bus-drivers, cleaners, carers, an aw thae fowk
strandit on the minimum wage in modren 'service industries',
no tae forget thae thoosans o fowk desertit bi modern
capitalism in schemes across the kintra.

Nou, A'm no a member o the SNP, bit A ken plenty that are
an ane o the constant refrains A hear fae them is that the
leadership o the pairty dinnae respond near enough tae the
wishes o the membership, that the members tend tae be a lot
mair 'leftish' than thae that seem tae get the jobs o bein
representatives. It needs sayin, time an agin, but the SNP arenae
the independence movement, they are jist pairt o it – despite the
usual lees an distortion fae the media – an we shuid neer forget
thon. We shuid be aware forbye that the SNP hae grown tae
whaur they are bi conformin tae the model o whit a
Westminster political pairty shuid be, an as is gettin clearer
daily day, Westminster isnae nou, an his nivver been, an actual
democratic system o governance.

But here's anither thing that micht jist be happenin. David
Cameron hid nae need tae caw fer the Bexit referendum: he did
it thinkin o his ain political survival; Theresa May had nae need
tae caw this election: she did it fer her whit she thocht wis her
ain political survival; an baith o them had nae worries aboot
whit wis gonnae happen, bein driven bi thon peculiar
combination o entitlement an preevilige that seems tae come sae
easily tae British (an ither) politicians. Nou, shuid that no mak
us hae a wee thocht? Jist hou capable are these fowk o daein
onie job? Naebuddie that kens oniethin anent politics thinks

that Theresa May will last fer onie length o time an wha is there
tae tak her place? Weel, we ken there's a lot wuid like the job,
bit seriously, are onie o them the sort o person ye wuid want tae
see rinnin even a burger van? The Brexit referendum coverit up
the fack that there is an affy lot o in-fechtin in the ranks o the
Tory Pairty, an their henchmen in the MSM hae jist rin intae a
reality check cried the Law o Diminishin Returns. The attacks
on Jeremy Corbyn fer haein links tae the IRA werenae jist
obscene, they were ironic. Wha is Theresa May askin fer help?
The DUP, whause involvement in The Troubles wis jist as
bluidy. Bit we shuid mebbe mind that gin ye're fechtin fer the
British Flag ye cannae be a terrorist, cin ye? Tell that tae the
fowk that hae sufferit in aw thae kintras that uised tae be
colourit reid on maps o the British Empire. Fer that's whit's at
the hairt o sae muckle o whit the Tory Pairty is aw about – the
longin fer times past whan Britannia ruled the waves. It wis a
lang time ago, an it micht jist be as the different wings o the
Tory Pairty fecht wi ane anither an the neist election looms
sometime soon that further chaos comes aboot. An siccan a
guddle will likely no be bad fer us.

Whitivver comes neist, an the election that's probably on its
wey awready micht weel see mair volatilty amang the electorate,
as lang as we cin learn fae this particklar mess, the chances o
Scotland takkin back her status as an independent nation, in or
oot o the EU, havenae actually got onie waur. An we maun aye
mind that, tho the roots o Scotland's commmunitarian culture
rin deep, there are them amang us that are Tories, an they hae
the richt tae vote as weel as thee an me. Tho gin ye hae onie pals
or faimlie that did vote Tory, ye micht mind them that nivver
mind whit Wee Shoutie an the MSM (a name fer a band whause
tunes are dreck?) are aye tellin us, this last vote fer the Tory

Pairty wis vote fer the rape clause, the bedroom tax, Trident, airms-sales tae despots, discrimination agin the neediest in oor society, an pittin the needs o speculators afore oniethin that micht be thocht o as the national interest. Their definition o the national interest is whit's guid fer them an their City o London pals, an that's no in the interest o Scotland's fowk.

The SNP need tae sort theirsels oot but they are jist ae strand o the movement that's set on takkin back oor national sovereignty and we arenae goin oniewhaur bit further doin the road we're set on. The rabid hysteria o the Unionists an their pals in the mainstream media is a shair sign that we're daein things richt. Sae whit A'm sayin is jist this – the Wey Forrit is jist tae keep calm an cairry on...

Introduction

ANE O THE reasons ahent screivin this beuk is that A hae spent maist o ma adult life studyin ma ain, Scottish, historie an culture, an jalouse that it is time that A made it clear that the perpetual impertinence o the English as regairds that culture an history needs tae be cawed oot. Them that tell theirsels lees will nivver see ithers' truth nae maitter hou aften they micht get tellt. Whit bathers me an gies a link atween aw the subjecks coverit in this wee beuk is the ongaun reality that sae monie fowk that think o theirsels as Scots gang alang wi sic impertinence wi a will. We cin pit some o this doun tae ignorance as siccan fowk swallie the lees o a centralised state an culture that tells them they are pairt o a wee kintra that cin onlie hae a role in the warld as an appendage tae the true world-player that is England. English pouer an influence are maitters o fack they tell ye, an wha are we tae deny this. Weel A'm no sae shair o thon. A've drawn attention in the follaein pages tae ae particklar airticle screived bi Professor Anthony Boyle on the English sense o exceptionalism several times in this book but A want tae quote somethin fae closer tae hame. This wis screived in 1989 in a grand wee beuk cried *The Eclipse of Scottish Culture* bi David Beveridge an Ronald Turnbull...

> English culture, or to be more precise, the public-school, Oxbridge, 'Home Counties' formation is steeped, to a singular degree, in the bizarre belief that its own history, institutions and practices are paradigms for other less favoured peoples. It is therefore not surprising that when anglican chaps turn their attention to Scotland their representations should reflect these assumptions of superiority; a violent history, a fanatical religion, an impoverished culture, a 'dark', 'backward', even 'uncivilised' country. What is at first surprising is the fact that these images of backwardness and inferiority also govern the Scottish intelligentisia's discourse in Scotland. The overwhelming tendency of this discourse is to portray Scotland as a country which can be exhaustively described in terms of poverty, philistinism, bigotry, repression – a land of no gods or heroes.

Weel, Beveridge an Turnbull were wrang on ae particklar accoont. Their ain wyce-like discourse on Scottish philosophical culture showit that we werenae jist as dung doun as they were suggestin, an their ain wark is even mair proof. A've spent ma haill life studyin ma ain culture an history fer the ae single reason that A nivver accepit the hand-me-doun dreck that wis

presentit tae me in aw the institutions A attendit tae try an get
an eddication, an these twa lads seems tae hae been on somethin
o the same gait as masel. They werenae the ainlie yins eethir, an
siccan warks as George Davie's seminal *The Democratic
Intellect* (1961) an Cairns Craig's *Out of History* (1996) are jist
twa instances o the reality that even athin the waas o academia
there hae aye been Scots that kennt whit wis whit.

A wis gey lucky in that A wis brocht up in a hoose that held
true tae the ideas ahent the norie o Marxist dialectics – it aw
birlit roun the central necessity o critical thinkin. A've been
teachin history masel fer a whilie nou an A aye tell students the
main thing is tae tak naethin fer grantit – ye need tae ken whit
fowk screivin history want ye tae think, an that's best duin bi
findin oot whit they think, or thocht thiersels. A tell them tae
trust naebody screivin aboot the past, includin masel. Ye need
tae mak up yer ain mind aboot things an gin the story ye're
getting is no the richt yin – gin there cin even be sic a thing
– hou cin ye unnerstaun things clear? A'm no seyin naebuddie
cin be trustit, just that ye tak naethin on trust, withoot checkin
it oot as best ye cin. Anither wey o pittin that wuid be tae sey
'think fer yersel'. An whan it comes tae Scotland, weel, the
mindset o them that hae been daein maist o the screivin aboot
oor past hae been thirlit tae pouer structures that hairdly
recognise the verra existance o this auld land o oors. Nou A hae
nae richt tae claim tae ken better nor awbuddie else but the ae
thing ye cin be damnit shair aboot is that A'm no pushin the
interest o onie pouer structure – ither nor the ain that's jist
beginnin tae steer – the pouer o the community o the people o
Scotland, describit in the 1320 Declaration as the Common
Weal. Some o whit's comin in these pages is driven bi anger, an
A mak nae apologies fer thon; the mair A learn, the mair A ken

that there's a sector o Scottish society – ye micht cry them the McEnglish – that sees their ain interest best served bi hingin on tae the coat-tails o a system o governance that cannae even recognise that it's no got an Empire onie mair, an jist hou stupit is that?

The wey this book his been pit thegither is as a series o short essays, an the same subjecks crop up mair than aince, bit howpfully helpin tae mak a diffrent pynt ilk time. Nae ither person nor me his responsibilitie fer the ideas herein, an it will be affy clear tae ye that A've no taen the road o 'objectivity' or een *politesse* in these pieces. A hae been studyin Historie near aw ma days, an A'm pretty damnt shair that the notion o 'objectivity' is mair aften as no a ploy fer fowk tae pretend, no jist tae ithers bit een tae theirsels, that they're richt. An as fer yon *politesse*, weel A try, bit it disnae aye wark. The ae siccar reason fer studyin the past is tae try an unnerstaun things better sae as we cin mak a better future. Sae, een tho there's muckle here anent Scotland's past, this is a book that aye looks tae the future, an ma howp is that a wheen o the argiements pit forrit here cin help cairry on the grand political revival across the haill o Scotland that wis brocht on in the years leadin up tae the kintra's independence referendum o 2014, an help tae mak siccar that in onie forthcomin referendum we dae the best fer Scotland an her comin generations.

It's no just the mainstream media that are aye tellin lees aboot whit the agreement atween Scotland and England really is an distortin oor historie forbye; there's mony fowk that shuid ken better bit cannae stop tellin lees tae theirsels. A'll cover maist o this in detail farther alang, bit there's a couple o particklar things need seyin at the aff. Ane o them is hou the pouers that be in Scotland – oor ain wee Estaiblishment – hae

aye kennt whit side their breid is buttert. Eer syne the bribery o
1707 that sparkit riots aw ower the kintra an left a lang-term
legacy o resentment – some micht sey justified political anger
– there hae been fowk that hae duin weel oot o the Union;
damnit few in terms o the kintra as a haill, mebbes, but aye
eneugh tae mak siccar that the reins o government an patronage
hae nivver left the hauns o thae fowks wha are thirlit tae the
simple norie that their personal weel-bein an success depends
on unflinchin support fer the status quo.

Siccan fowk were cried Gatekeepers by a freen o mine, an
A reckon the name fits. They're jist the kin o fowk that William
Blain identified – as aw yese wi the guid fortune tae hae read it
will ken – as the 'Richt Yins' in his braw book *Witch's Blood*,
nou sadly oot o print, like an affy lot o guid Scots leeterature
that disnae jist fit in wi the agenda the Gatekeepers are aye
pittin forth.

As a bairn at the schuil (or a wean fer aw ye on the ither side
the kintra) A wis aye tellt that Scotland had duin no that bad
oot o the Union, or Wanchancy Covenant, as anither freen o
mine refers tae it, an hou we had managed tae haud on tae oor
ain law, kirk an eddication systems. Weel, it's amang thae
institutions that a great monie Gatekeepers hae been thrivin aw
these years. See the Law? Scots Law? Independent? – Ma
bahookie! The ink on the Wanchancy Covenant (tae be referrit
tae fae nou on as WC?) wisnae even dry whan the Pairlament o
Great Britain, that had nae existence afore 1707, drave a horse
an cairt straicht thru the notion o the independence o Scots law
bi passin the Treason Act o 1709. This statit that oniebuddie
chairged wi treason in the new laun o 'Great Britain' wuid be
tried bi Oyer and Terminer which wis an English law that had
nae legal staunin in Scotland. Did oor ain representatives at

Westminster sey oniethin? No that A've heard. Did the Scottish judges mak a peep? Nae chance. Nae mair nor in 1989 they opposed the imposition o the Poll Tax in Scotland a year afore England – anither clear breach o the WC. An in atween times the law trade his duin real weel oot o the necessity fer separate forms o wards fer Pairliamentary legislation fer Scotland, seein as that's aw it took fer the laws tae hae 'legal staunin' here afore the settin up o the Holyrood Pairliament. Loads o wark there, peyit fer oot o public taxation, as ye wuid expeck. An tak a look at wha hae been oor judges doun the years: fowk wha's apein o their English maisters disnae jist run tae sendin their bairns (weans) tae schuils modellit on the pernicious English publick schuil system, but apein, forbye, hou the toffs o England speak. An it's jist ane o thae wee quirks o historie that sae monie o the members o the law trade here happen tae be landowners, or are sib tae them, an like tae shoot wee birdies that are hand-rearit fer their bluidthirsty pleisure, alang wi their pals fae doon sooth. They say ye cin aye tell fowk bi the company they keep.

The ither twa pillars o supposed preservation o Scottish society arenae muckle better. Nouadays meenisters micht weel be daicent fowk, but the Kirk in Scotland his lang been estaiblishment orientit an far ower aften his been a prop an a support fer the exploitation o the land an its fowk. As an example, the Presbyterian Kirk's role in the racism directit agin Irish immigrants weel intae the 20th centurie is a maitter o record, an o shame. Nou, they werenae aw bleck-hertit: the various schisms that hae ruptured the Kirk hae been the result o some fowk hingin on tae the preenciples o the foonders o Presbyterianism here, an we shuid aye mind that in spite o whit lots o fowk think o him, Johnnie Knox focht agin estaiblishit pouer in his time. An it's important that we mind that we dae hiv the Kirk tae thank fer the fact that generations o the common fowk o Scotland were leeterate, allouin no jist discussion anent hou monie angels cin dance on the pynt o a preen, bit made it possible that the ordinar fowk cuid, an did, read the likes o the Radical writer Thomas Paine in the echteenth centurie. A'll come back tae the notion o Scottish Radicalism eftir, bit suffice it tae say that the Kirk his no been on the side o the fowk oniething like near eneugh, an it's mebbe jist their ain blame that muckle o their role at the hairt o Scottish society in bringin fowk thegither, dispensin news, etc., his been steadily taen ower bi the media syne the end o the nineteenth centurie. The centrality o the Kirk tae maist Scottish fowk's lives is lang gane. A'll get roun tae lookin at whit passes for media in Scotland later on.

That leaves us wi the Eddication system. There's a puckle o things ye need tae ken anent this. Univairsities were first set up tae churn oot meenisters tae meet the religious needs o the fowk, an as time his gane by, their role as defenders o Estaiblishment ideas his only grown. Gang tae onie European kintra an see whit resources are pit in till studyin their ain historie an culture an compare that wi whit goes on here. Him that peys the piper caws the tune, no tae mention the wages, o the professariat, an aw their lesser ranks hae aye come fae Westminster. Things hae definitely gotten better syne A wis tellt as a student hou A cuidnae study the warks o Robert Burns fer ma finals on the 'grundst' there wis naebodie in the English depairtment that dealt wi sic stuff – bit there's no been near eneugh cheenge yet. (Thon happent, bi the wey, at the University o Embra – in Scotland's capital.)

An whit o the schuil system? Weel, tae me, the Scotland

Education Act (1872) seys it just fine: *The language of education in Scotland shall be English*. Nivver mind the centuries o leeterature in Gaelic an Scots, nivver mind the roles they baith had pleyed in Scotland's governance an law doun the centuries, an fer damnit shair nivver mind that at yon time the natives o this laun, as ye wuid expeck, gey near aw spak ane or ither o oor ain tungs. The Empire saw nae need tae tak tent o siccan trash. The ill effects o this in biggin up the Cringe, that rins faur deeper in the Gatekeepers than oniebuddie else, haunt us yet. Nou, as a Scot A ken fine that A shuidnae howp that awbody grees wi me – it wuid maistlike gar me boak oniewey – bit ae pynt o this book is no jist tae hae a rant, but tae ley oot things anent the reality o leevin in this laun, an hou we sairly need tae cheenge it an get awa fae a British state that really is jist England in its hairt, as is plen as plen cin be in near ilk ward that loups fae the mooths o Theresa May an her ilk.

Sae, afore wi get doun tae cases, A jist want tae mak ae wee pynt, an it concerns baith historie an oor modren media. Fer mair nor hauf a centurie, the story tellt us aboot the last years o the British Empire in Kenya wis that it wis a dark an bluidy time, that atrocities were a maitter o daily occurence, an that it wis aw doun tae a terrorist group cawed the Mau-Mau, wha jist happent tae be bleck. Some affy regrettable bad things were done tae some o them, bit it wis aw their ain blame (ran the sub-text), eftir aw, they really were jist a bunch o savages afore the Empire came alang tae enlichten them. This past few years hae seen that tae be the blatant lee it aye his been. The terrorists were the British troops an the British Admeenstration, an jist like ivvery ither kintra they had conquerit, wi the exception o the Dominions, whaur white fowk had been langer at stealin the laun an cowpin indigenous societies, the legacy o Empire went on tae be division an mayhem. Eventually, jist the ither year in 2016, the story o whit had really happenit in Kenya endit up in coort an a puckle o fowk still livin wha's lives were blichtit bi the bluidy haun o British imperialism got a wee bit siller in compensation, an the story wis ower, jist like that. (https://www.theguardian.com/world/2016/may/23/mau-mau-rebellion-kenyan-victims-compensation-claim)

The mainstream media coverit it fer a day.

An we maun aye mind that the first concentration camps were set up bi the British tae jile rebellious Boers in South Africa. An they were white fowk, no 'inferior' bleck fowk. We shuid aye mind tae that Empires disnae spring intae existence fae naewhaur, they are biggit on centralized nation states that hae biggit up baith poleetical an military pouer. An the haill norie o spreidin 'civilization' that Empire Loyalists aye haver on aboot is a lee intendit tae cover up aw the robbin, rapin an murderin across the globe that is undertaen in the pursuit o profit an pouer. An we shuid neer forget that in the case o the British Empire this wis biggit up on techniques learnt here in the years eftir Culloden. That story his yet tae be properly tellt fer it wuid mak it affy hard indeed fer the Gatekeepers tae keep up their lickspittle devotion tae the Union Flag. Sae, onwards. Bit aye mind the auld cliché: gin ye dinnae ken whaur ye hae been, hou can ye be siccar o whaur ye're gangin.

1

The Black Stuff

MUCKLE HIS BEEN made ower the past few decades o the economic importance o the oil aff Scotland's coasts. Some fowk like tae pynt up the diffrence atween the frugal, lang-term plannin as regairds the oil industry set up bi oor neebors, an cousins, ower the sea in Norroway, an hou the black gold wis uised bi Thatcher an her maisters tae destroy haill tranches o Scottish, an English, an Welsh industry in their ideologically driven, fanatical anti-union dash tae profitisation. Tae their wey o thinkin governments dinnae exist tae try an encourage health an happiness fer their citizens, but tae keep pouer an siller in the richt hauns.

Nou, leavin aside the problems associated wi oil, particklary the ivver increasin dependency on individually-ownit motor cars that are pizenin oor city streets an killin fowk year eftir year, an the growein need tae look fer a greener future, the economics o oil still hae a pairt tae play in the warld. Alang wi aw the ither natural resources Scotland is sae rich in, the oil still cin mak a diffrence in whit sae monie o us cin see as a healthy thrivin economy in Scotland's future. Naebuddie cin foretell the future but ae thing that's for shair is that whit an independent Scotland will hae as wealth is no whit it *shuid* be. Nae doot whan the negotiations aboot unpickin the WC stairt, the denizens o Westminster an Whitehall will be wantin tae play hard-ball. Hou cin we be sae shair o thon? Weel, they awready hae stairtit.

Back in 1999 the Westminster government, durin the time o Tony Blair as Prime Meenister an Donald Dewar as First Meenister at Holyrood, redrew the maritime boondary aff Scotland's sooth-east coast.[1] The upshot o this cheenge wis that 6,000 square mile, containin seeven diffrent oil-fields were shiftit fae bein in Scottish waters tae English waters. Despite protestations tae the contrary, this wis a clear attempt tae injure the financial case fer Scottish independence an, gien the weel-kennt sleekitness o Westminster mandarins, micht hae been intendit tae disadvantage a future independent Scotland. As siccan maitters as Maritime boondaries are reserved tae Westminster, ye cannae legally cry this theft. But tae gang back tae the analogy o a bad mairriage, gin ae pairtner fund oot that the ither had transferrit shared assets intae their ain bank accoont, ye wuid ken fine the writin wis on the wa, no?

An then, factor in this fae the notorious VoW o 2014: 'the UK exists to ensure opportunity and security for all by sharing our resources equitably across all four nations to secure the defence, prosperity and welfare of every citizen'. In whit universe cuid shiftin material resources fae Scotland tae

England be cried 'sharing our resources equitably'? Weel, in the minds o the Westminster estaiblishment it's no that difficult, as – fer them oniwey – Scotland is just anither bit o England, sae whit is there tae greet aboot?

The truth is, aw the guff aboot respeck fer Scotland's wishes that we get fae the British government is jist flim-flam. An siccan tosh is designit tae be repeatit, time an time agin bi the media wi the plain intent tae try an keep as monie Scots as possible fae seein clear whit his really been goin on ower the past three hunner year.

1 https://www.craigmurray.org.uk/archives/2012/01/scotlandengland-maritime-boundaries/

Democratic Representation

ANE O THE things we are aye hearin aboot is that Westminster is the 'Mither o aw Pairliaments' – the claim that democracy across the globe is thrivin fer the reason that the British Empire brocht stable an representative governance tae aw kinds o different fowk. This notion is foondit on an English sense o exceptionalism, that his raicently been trenchantly analysed by Professor Anthony Boyle, wha is an Englishman himsel (see alow). In truth, the practick o the British Empire aroun the warld, his been tae steer up racial an ethnic differences tae ensure that even eftir kintras stoppit bein colonies, they were thirlt ae wey or anither tae economic systems that benefitit the City o London, nouadays the world

capital o money launderin. As far as wee Scotland is concernit,
democracy his nivver really been the wey o things as pairt o
the Union.

A Union whaur ae kintra his an in-biggit an unassailable
nummer o votes tae guarantee a majority wis nivver gonnae be
a mairrage o equals. The democratic deficit that wis the result o
the 1707 treaty hisnae cheenged a whit, itherwise the near total
Scottish pairliamentary support fer the SNP in Scotland at the
2015 British general election wuid hae meant somethin, bit bi
the rules o the Westminster system it disnae. Hou fowk cin kid
theirsels on that the Union is a fair deal fer Scotland in the face
o this is naethin short o dumfoonerin.

Jist think on this fer a meenit. 56 oot o the 59 Scottish MPs
electit in 2015 bi the Westminster system o first past the post
were fer the pairty o Scottish independence. Bi the 'democratic'
rules o the mither o aw Pairliaments – first past the post – this
wis 95% representation, in Scotland. Compare that wi the
representation that the Tories had, which bi the same wey o
reckonin wis 36.9% across the UK. Even bi the Additional
Member System o oor ain Parlie , set up tae try an ensure nae
clear majorities, the SNP had 46.5% o the total vote. Yet we're
ave jist supposed tae dae as we're tellt bi the neo-cons an
English nationalists that nou hae their hauns on the reins o
pouer at Westminster. Hou? Jist fer the reason that they're
English an we're Scots? Or micht some still think that there
mebbe is some kin o sense in the notion o bein 'Better
Thegither' whan we were tellt bi corporate shills like Darling an
Brown that votin NO wis the ae wey we cuid bide in the EU?
Crivvens, Jings an Help Ma Kilt, but gin ye cannae see thru sic
dreck, ye need yer heid lookit!

But there is anither problem wi this type o governance,

created as it wis tae keep pouer awa fae the hauns o the electorate, that we shuid hae a keek at. Ower the past few years Lesley Riddoch, in her gey intrestin book *Blossom*, screived aboot hou things wark in Norroway an ither Scandinavian lands. In thae kintraes the lowest level o participation in democratic accoontability exists in structures that represent a few hunner fowk. Here in Scotland even oor local authority wards nummer in the tens o thoosans. Hou dis this maitter? Weel, whan ye hae sma localised groups that get tae spend government monies, i.e. siller they hae handit ower thro taxation, it's no jist that local fowk get tae hae a say in hou such siller is spent. Bi haein their hauns on the siller an decidein hou tae spend it in their ain area, sic locally electit fowk arenae likely tae forget that they are members o the communitie, an hou they tend, as a result, tae be a lot mair accessible tae awbuddie else in that communitie – mair than here in Scotland oor cooncillors are tae us. An sae in the Scandic kintraes the pernicious effecks o the Bottom Line mentality (a.k.a. profit fer the few) that drives the big accoontancy/management consultancy firms in this kintra, an that are uised willy-nilly bi baith local an national governments, cin be faur mair easy avoidit. Compare thon wi the facelessness o sae muckle o even oor 'local' governance whaur deecisions are made ahent closed doors as a maitter o coorse, an tryin tae get information anent near oniethin ava is time-consumein as weel as frustratin, an no likely tae dae yer bluid pressure muckle guid.

There are monie examples o the damage that the in-biggit tendency o Westminster style electit dictatorship cin dae that hairm local communities. Fer electit dictatorships is whit we get. Aw ye need tae dae is tae listen tae fowk aw across Scotland tae realise the gulf atween whit the electorate thinks needs duin

an whit the electit representatives actually dae. The bourach in
Argyll ower Castle Toward is a grand example whaur
cooncillors warkit direckly agin baith communitie an sense.
Anither example wuid be the warld-renooned White Elephant o
the Embra trams, which an affy lot o locals think wis brocht
forrit bi the Labour Pairty jist tae embarrass the SNP bi launin
them wi a bluidy mess. Whit it certainly did wis close doon a lot
o successfu sma businesses – but whit the heck, the big boys
were makkin siller.

The problems o the Westminster model o supposed
democracy are rootit deep in the practick o governance at
aw levels here an the norie o centralised pouer is aye attractive
tae politeecians.

Think o whit happens at ilka election. Ye get a choice o
fowk that were selectit fer ye bi the various pairties, maistly bi
fowk bidin miles fae whaur yer vote is bein cast, an they only
got ontae the ticket bi follaein ae particklar pairty line. Then,
aince they hae yer vote, aff they gang tae whitivver forum they
hae been electit tae an syne sit doon wi aw the ither members o
the same pairty an decide amang theirsels whit needs tae be
duin, nivver askin onie o the electorate fer their opeenion. The
mantra o sic 'democracie' is simple: 'Gie's Yer Vote, an Dae's
Ye're Tellt.'

That is the pairty system. An no jist a pairty system, but a
system basically designit tae gie fowk the choice o nae mair nor
twa things. Whaivver decided that wis choice eneugh? A reckon
it's jist because sae monie o the fowk that hae strade the
corridors o Westminster, puffit-up wi their ain self-importance
an vanity, cam frae the public schuil system, baith north an
sooth o the border. In siccan institutions a great deal is made o
developin debatin skills, an the model o debate they hae aye

preferrit is ane-tae-ane. Ye get twa options an that's it. This is presentit as a fine wey fer a haill society tae be rin, but it's no the onlie wey things cin, or shuid be duin.

Takkin a leaf fae Ms Riddoch's buik (sae tae speak), A want tae cast ma een northwards. The Norse settlers that came here fae the echth century onwards – an it's warth remindin oorsels that the notion o the bluidthirsty, rapacious Viking hordes comes fae the pens o Christian monks wha likely hated them as muckle fer their 'paganism' as fer the raids on the abbeys an monasteries – had anither wey o daein things. An Thing's the ward. The Norse Thing wis a meetin o aw (aw the men oniewey) in a gien communitie whan deceesions had tae be made aboot communitie acteevity. The idea here wis that awbuddie cuid hae a sey gin they wantit, an whan they were aw agreeit, then things micht proceed. This is a bittie simplistic, A ken, an human nature bein whit it his aye been, there wuid hae been sleekitness an skulduggery goin on, an the chief's ward wuid likely cairry mair wecht nor maist awbuddie else's. But sae wuid aulder lads wha's experience an wisdom were weel-kennt bi the communitie. But the underlyin notion wis that the communitie thegither – thru its menfowk (sae faur as we ken?) – wuid mak the big deceesions thegither. The pynt is, there are ither weys o daein things than the Westminster wey. Houanivver the idea o the Thing is mebbe somiethin we cin learn fae here in Scotland the nou, an A'll tell ye why.

A whilie back, A went tae veesit an auld stane structure ower in Kilmartin. Its cried Dun Ardifuir an is referrit tae in the offeecial records as a galleried dun. Nou as A hae pyntit oot elsewhere, duns, like whit we ken o as hill-forts, were generally interpretit in the past as militaristic structures, but mair modren scholarship suggests that monie siccan places were potential sites, in fack, fer a range o communal acteevities. This ane in particklar looks like it micht jist hae been a perfect place fer Thing-like meetins. The circular structure his a raised bank, or gallery, aw the wey roun its inside at a handy heicht fer sittin on. It his nae defensive properties whitsaivver, bein owerlookit bi a puckle hills, an his a near-at-haun beach whaur boats cuid easy be draggit up. In this pairt o the warld, like muckle o Norroway forbye, as we generally ken, communications wis aye a lot easier bi boat than ower land. The thing aboot Dun Ardifuir, hooanivver, in the hairt o whit wis later Dalriada, is that maist o the archaeological finds fae there are fae the 2nd century, which is as lang afore oniethin like a *Norse* Thing took place in Scotland. Ma pynt here is that fowk ower the millennia hae haen a wheen o diffrent weys o makkin shair that society cairried on fae day tae day in a wise-like fashion, an warkit as they thocht it shuid, an the idea that afore us poor wee scruff were gien the richt tae vote bi oor betters, alang wi the idea that naebuddie but megalomaniacs – oops sorry, aristocrats an kings – hid total sey in whit happenit is jist havers. A hae said it time an agin, but tribal societies aye function fer the benefit o the haill group; even gin some fowk are better aff than ithers, the maist o the fowk dinnae exist jist tae mak life easier fer the toffs at the top – which is whit capitalism is aw aboot despite aw protestations tae the contrar.

Ye cin see the leemitations o the Westminster style o governance clear eneugh in the bourach o Brexit – a narrae majority means them that hae their grubby mitts on the reins o pouer cin ignore awbuddie an oniebuddie they dinnae gree wi – which fer a lot o fowk in England means they are gettin a taste o whit it's like livin here in Scotland.

Nou, A believe that the style o things in Norroway whaur

some levels o government are truly local is a guid model fer whit we need in an independent Scotland but it's no the only wey things cuid be duin. A'm accused aften eneugh o haein a romanticised notion o hou the clan system functioned, but A beleive in ma hairt that maist fowk in Scotland, an aw place else, wuid be far happier wi a system that pit the guid o the communitie – the Common Weal – afore awthin else. Shairly this is whit a kintra shuid exist tae dae, an no jist help tae keep the rich an pouerfu in their poseetions o preevelige.

A ken fine the main thing the nou is tae mak shair we tak back oor independence, an tae that end the SNP are still needin tae be supportit. Houanniver, een tho A like an admire Nicola Sturgeon, there is a danger that we aw get sae trauchled wi the immediate fecht that we lose sicht o whit the real aim is. It's no jist aboot brakkin awa fae England, tho that alane is warth fechtin fer tae ma wey o thinkin, it's aboot managin tae be a prood, independent nation that cin tak its richt place amang aw ither nations, big an sma – bit ane that is defined bi oor ain historie an culture. It is aye warth takkin tent o just hou muckle Scots thinkers an activists hae duin tae further the notion o human richts in this warld. We need tae be thinkin o whit we want Scotland tae be, fer the bairns tae come, an A keep comin back tae thinkin that sma-scale, localised deceesion-makkin is the best wey forrit, an that is somethin A'm shair maist fowk in Scotland wuid be happy tae sign up til. There is nae pynt in brakkin awa fae the corrupt an hypocritical Westminster model jist tae replace it wi a Scottish version o the same damn thing.

The Bottom Line

OWER THE PAST couple o decades the phrase 'The Bottom Line'
his become pairt o everday speech. It is a sair reflection o jist
hou divorced fae aw notions o common humanity current
thinkin his become. It is a phrase uised by accoontants that his
wormit its wey intae everyday discourse, an maist particklarly
in the media. The meanin is simple: naethin cin be understood
unless ye ken its cost. Ye see it daily-day on the sma screen
whaur story eftir story anent baith local an national
government is stairtit wi whit it's reckonit tae be the cost. Gin
it's a reform o police procedures, the hirin o new medical staff,
the biggin o a new road, ye get gien the 'projectit' costs. Nou
thae 'projectit' costs (no promised mind ye) are aye an
illustration o jist whit's gaun on here, fer, gin ye bather tae tak
the time an check oot whither onie projeck fundit wi public

siller eer comes in on budget, it likely will no surprise ye that muckle tae fin oot damn few ivver dae. The costs – estimatit bi accoontants jist – are pairt o hou the companies concernit get their hauns on public siller an, like the nummers o projectit jobs that the project will lead tae, aften bear nae resemblance tae the actuality. Pronooncements aboot the cost tae be borne an jobs tae be won are pairt o the flim-flam that business uises tae get as muckle public cash as they cin. An it aw depends on the bottom line: we're tellt we hae tae judge aw sic things on the projeckit costs, even whan onie sane person kens fine that the last load o siccan projecks went wey ower budget and didnae bring in oniewhaur near the jobs promised.

Nou ye'll hae tae forgie me but A thocht that the notion o the bottom line wis a pairt o accoontancy practice that wis meant tae help businesses balance their books. Since whan did it become the Holy Grail? The various near disasters wi Public Finance Initiative type schemes tae date, like the Edinburgh Schools bourach, flee direckly in the face o onie norie o soond finance. Governments arenae in the business o makkin profit, an the parameters o judgement o the merits o projecks shuid shairly be on the grunds o public utiltiy – i.e. whit guid they dae fowk. Makkin sic things subjeck tae the rule o profit driven accoontancy systems is no jist daft; at a fundamental level it's doonricht criminal. It tries tae get awbody thinkin that the cost o things is the maist important component in awthin. The auld cliché that accoontants are fowk that ken the price o awthin an the value o naethin his nivver been truer nor it is the day, an the main problem is peelie-wallie politicians an lickspittle journalists that nivver quaistion sic ideas.

Far ower monie fowk in oor Parlie, an jist aboot aw the puir sowels that try tae pass themsels aff as journalists these days, are like rabbits in the heidlichts o the juggernaut car o capitalism. Whan wis the last time ye heard a journo ask a developer tae staun up their projections anent jobs tae be created? Likewise whan oor servants, the government o Scotland, are seekin tae get public warks biggit, whan dae they ivver ask businesses tae stick tae their projections an mak the joabs happen. It wid seem sic things nivver happen. The journos ken fine wha they wark fer (an ask yersel gin public utility is even somethin the MSM cuid spell), an politicians, obsessit wi the processes o bourgeois managerialism, echo the sharn that spews fae the mooths o developers wi their natters aboot potential economic benefit for the commuity, steady jobs, an aw the ither lees the developers' accoontants hae cobbled thegither wi their PR crew. Baith them an the politicians backin them up are mair interstit in getting media coverage than providin daicent services, or giein value fer money. Jist think fer a meenit aboot the latest Embra schuils scandal an whit it tells ye aboot the profitisation o publick finance. PFI = Profit First Intiative.

We're aw supposed tae believe that government maun be rin in the same wey as 'efficient' private business, een whan maist o the time private businesses are makkin obscene amoonts o siller aff connin the government intae acceptin there's jist the ae wey o daein things: the capitalist wey. Neer mind that the ae organisation ye can be siccar will aye hae siller is governments, thru taxes. It's them that underpin the banks, an no the ither wey roun. We're in the seetuation whaur the casinos o capitalism are playin dafter an dafter forms o roulette wi siller that cin only be guaranteed bi national governments taxin their populations awa intae the future. Bit the lees we are tellt deny this ilka day, an the biggest lee o the lot lies in the verra notion o The Bottom Line.

It micht be the maist sacred belief o the Mammon-
worshippin, war-exportin, government-manipulatin, rich,
entitlement-obsessit elites, bit it is the utter antithesis o the
verra notion that is supposed tae haud the nation-state thegither
an the idea that we are some kind o communitie. Weel, fer the
Mammon worshippers, the communitie o the nation is jist a
mechanism no jist tae proteck their obscene wealth, but tae
increase it. An there isnae a place on the planet whaur the
worship o Mammon is mair fervent nor the City o London.
An gin ye doot that this corruption o hairt, mind and sowel
isnae at the verra hairt o governance in the British state here's
somethin fae the City o London website:

> The City Remembrancer's Office is one of the City's
> traditional offices and dates from the reign of Elizabeth 1.
> The Office holder is one of the City's Law Officers as
> well as being a Parliamentary Agent and its Head of
> Protocol. The Remembrancer is charged with
> maintaining and enhancing the City's status and ensuring
> that its established rights are safeguarded. As long ago as
> 1685 an order was made for the Remembrancer 'to
> continue to attend Parliament and the offices of the
> Secretaries of State daily, and acquaint the Lord Mayor
> with the public affairs and other business transacted
> there, relating to the City'. In the contemporary context,
> this work encompasses day to day contact with officials
> in Government departments responsible for developing
> government policy, the drafting and promotion of
> legislation and responsibility for relations with both
> Houses of Parliament and their Committees including
> briefings for debates in which the City Corporation or

its associated bodies have an interest. The Office also tracks the work of the GLA Assembly, and the GLA's associated bodies.[1]

There's a mannie wi a seat in baith the Commons an the Lords wi direck access tae deceesion makars an his job is tae lobby on behauf o the City o London. Ye cin see British democracy in action at ilka Budget whaur the Rembrancer is aye in plain sicht as the Chancellor tells ye whit he's ettlin tae dae wi oor siller.

Richt eneugh, fer them it's aye aboot the siller.

The Bottom Line? Westminster his aye been in the pooches o the rich an there's only jist the ae wey tae cheenge that – it's time we were awa fae thon den o thieves. We need, an deserve, better, an cin but howp that an independent Scotland will be the kin o place whaur siccan attitudes are challenged and pit tae the test.

---

1 http://www.scriptonitedaily.com/2013/06/27/the-unelected-banker-sitting-in-our-parliament-to-make-life-easier-for-banks/

The Sovranty o Scotland

THE UTTER BOURACH unfoldin at Westminster ower Brexit the nou cin clearly be unnerstood as bein the ootcome o the utter contempt fer the electorate felt bi them that think o theirsels as Britain's naitural elite. The tulzie atween Cameron an Johnson that stairtit it aw aff wis rootit deep in the days o their indoctrination intil the narrae-mindit, entitlement-driven warld view o Eton an Oxbridge. Sic contempt fer the democratic process wis pairt o their ivvery breith. Up here in Scotland, in this past few year, we hae gotten uised tae sic contempt bein expressit taewards the democratic aspirations o the fowk o Scotland bi the MSM this past few year. The thing is, but, siccan an attitude is naethin new. Athin a year o the Wanchancy Covenant (a.k.a. The Treaty o Union) comin intae force – an agreement atween twa sovereign nations – the Pairliament o

Westminster wis actin gin whit hid happent wis that England hid conquerit an absorbit Scotland. Fleein direckly in the face o yon Treaty, an its airticles o guarantee, the nobs at Westminster passit the Treason Act in1708 that said that oniebuddie chairged wi treason oniewhaur in Britain wuid be tried bi Oyer an Terminer – an English law procedure that tendit tae lead tae execution bi bein hung, drawn an quarterit. There wisnae then, or sinsyne, een a whisper fae the supposedly independent members o the Scots law trade. Bit, but hou cuid there be? Ye cannae staun up an shout when yer neb's in the trough. Plus ça change, eh? Various reformin an radical agitators in Scotland – maist notably eftir the Risin o 1820 – were tried, fund guilty, an judicially murderit in siccan a fashion in Scottish courts. The Act, passit in 1708, still stauns.

Whit this maks affy clear is that the Westminster Pairliament his, fae the aff, been actin gin the only notion o sovranty that his onie force in the British Isles is that o English Sovranty, residin in its Pairliament, an datin fae 1688. Nou oniebuddie that kens their Scottish historie will ken that the Sovranty o Scotland resides in the fowk o Scotland, an his duin syne 1320, an there are guid grunds fer seein it as even aulder nor that. This his nivver been ceded tae Westminster, een tho the pouers that be in England hae aye actit gin it his been. Back in the day o the Vigil fer a Scottish Pairliament (1992–97) this wis a subjeck that wis aye comin up. There were them that said it wis sic a lang time syne that it didnae maitter. Weel mebbe, but div we no study historie tae help us better understaun whit is happenin nou?

Houanivver, the doctrine o Scottish Sovranty his nivver totally gane awa. It wis acceptit bi English academics in the nineteenth century an much mair recently, in 1953, it featured

in an interestin coort case. In 1953 John MacCormick an Ian
Hamilton (ane o the three lads, an ae lass, that wheechit the
Coronation Stane oot o Wesminster Abbey a couple o year
earlier) brocht a case afore the Court o Session claimin that the
new queen had nae richt, under the Treaty o Union, tae cry
hersel Lizzie the Saicont, as there hid nivver been a Lizzie First o
Great Britain afore her. They lost their case but gaed on tae
appeal. The Lord President, Lord Cooper o Culross, heard yon
appeal an ruled that the Wanchancy Covenant had nae
proveesions as tae the nummerin o monarchs, sae the appeal
wis lost. Nou, there hid awready been the pathetic seetuation o
there bein twa Edwards (briefly) on the British throne, in 1910
an 1936 (no a lucky nem fer a king, eh?) whan aw previous
Edwards were jist Kings o England, sae nae surprise there.
Houanivver Cooper went on tae mak a further – an tellin – pynt
whan he said, 'the principle of unlimited sovereignty of
Parliament is a distinctively English principle and has no
counterpart in Scottish constitutional law'. An that's no the dim
an distant past.

In 1989 the follaein wis included in the 'Claim of Right'
publisht bi the Campaign for a Scottish Assembly:

> We, gathered as the Scottish Constitutional Convention,
> do hereby acknowledge the sovereign right of the
> Scottish people to determine the form of Government
> best suited to their needs, and do hereby declare and
> pledge that in all our actions and deliberations their
> interests shall be paramount.

This in turn wis based on the oreeginal 'Claim of Right' fae
1689 whilk seyed that the King, Jimmy VII, had forefeitit aw his

richt tae the throne o Scotland due tae his brakkin 'the
fundamentall Constitution of this Kingdome… from a legall
limited monarchy to ane Arbitrary Despotick power'. This wis
duin in order tae clear the wey for the new monarch, William o
Orange, that had been invited bi the English Pairliament tae tak
James' place. Nou, there are them that saw this as a wyce-like
acceptance o the current poleetical seetuation, but ithers hae
aye thocht that it wis this rubber-stampin o the will o the
Pairliament o England that openit the wey up fer the subsequent
Treaty o Union an the political castration o Scotland's fowk.

The 1989 'Claim of Right' wis signit bi aw the Labour an
Lib-Dem MPs o Scotland at the time, wi the exception o the late
Tam Dalyell, wha in true Scottish fashion, wis aye prepared tae
gang his ain carnaptious wey. Amang the signatories were twa
nems ye'll ken weel: Gordon Brown and Alistair Darling, wha
clearly at this stage o the gemme hadnae yet figured oot which
side their breid wis buttert. The unleashin o the casino
capitalism that led tae the 2008 crash an the subsequent bailin
oot o the banks leadin tae the austerity that is nou the norm in
Britain, wis organised bi that pair but it hisnae duin them
muckle hairm, eh? Oniwey, that the 1989 'Claim of Right' his
helpit keep the idea o separate Scottish Sovranty goin is no tae
be dootit.

Nou, it seems tae me that some o the fowk advisin Oor
Nicola – that even monie fowk in England thinks stauns heid an
shouders abune maist ither politicians in Britain – shuid be
lattin her ken that the Sovranty quaistion is warth keepin in
mind. We hae nivver stoppit bein a soverign fowk an we shuid
be mindin oor pals in Europe o that fack. Treaties that are made
atween nations cin be unmade – an there's a haill load o
argiements that cuid be pit forrit tae say that the actions o

Westminster in ignorin the proveesions o the Wanchancy Covenant, fae near the verra day it wis signit, hae breachit it tae sic an extent that it his nae legal pouer left. The notion that we maun gang cap in haun tae the nest-feitherin, entitlement-driven, globalisation-worshippin, arrogant ignoramuses o Westminster tae decide oor ain political future micht hae attraction tae the likes o Wee Tankie Davidson an ither lickspittles o English pairties wha are aye sae keen tae doff their caps tae their 'betters' – they arenae ma betters, or your betters – but it's an idea whause time is comin. Mebbe it is time we stairtit takkin tent o oor ain historie an legality an jist went fer it. A Scottish Pairliament took us intae this mess, wi aw the bribery an corruption that wis sic a fundamental pairt o the British Empire, an a Scottish Pairliament shuid mebbe be tellin oor pals in Europe that if we want awa, they shuid help us reclaim oor sovranty, an thus oor independence. A hae aye liked the idea o a Unilateral Declaration o Independence, an wi a clear majority o oor Westminster representatives electit as supporters o an independent Scotland it aye remains an option.

A Message Fer the Media

THE ROLE O THE mainstream media an in particklar the BBC or Vyce o Westminster if ye like, his been comin in fer a lot o criticism fae those o us argiein fer Scottish independence. The press media publisht fae doun in London pit forrit a united front agin whit we reckon tae be Scotland's best interests an far ower monie o them daunder intae whit is effectively racism wi their repetition o nories like we're aw subsidy-junkies, an that we arenae really fit tae rule oorsels. Weel this is mebbes nae surprise gien their ownership, but the role o the VoW, oor national braidcaster, fundit bi license fees fae Scotlandas as weel as the rest o the United Kingdom, is diffrent.

A uised tae wark freelance fer them, mainly on the wireless, an cin mind weel the first time A wis ivver on the airwaves. A wis fell chuffit wi masel, fer wis the BBC no the standart o braidcastin

fer the haill warld? A wis weel aware o hou monie fowk aroun
the warld had relied on the BBC World Service tae get whit they
saw as unbiased news anent whit wis happenin in their ain
kintras, whan local media wis no tae be relied on. Hou things
cheege. Nou whan the British State is fawin apairt, the true
colours o 'Auntie Beeb' hae been seen.

Back in the late seeventies, whan A stairtit warkin fer them,
there hid been a cheenge in the style an some o the substance o
whit wis bein pit oot on the air, on baith radio an the television.
This wis mainly doon tae the fack that a lot o fowk comin oot o
the univairsities fae the late '60s on werenae the usual middle-
class an publick schuil lot that hid aye been dominant til then.
The strangulated tones o Received Pronunciation on the
airwaves wis bein replaced wi vyces that clearly cam frae some
place in the British Isles and hadnae aw been subjeckit tae the
publick schuil process o learnin tae speak like some dementit
distant cousin o the Windsor faimlie. An ahent the scenes
producers an directors were gettin taen fae a braider reenge o
society than hid been the case afore.

An these new fowk had a braider experience an
unnerstandin o life fer maist fowk in Britain, they werenae jist
representin the mindset o the posh lot, sae things were openin
up in terms o content as weel, resultin in an organisation that
wis, ferawhilie oniwey, muckle mair representative o the
actuality o life an culture in these islands. Weel, that's aw
cheenged nou, an since the 1990s the posh boys hae taen back
control, an that his a lot tae dae wi jist hou dishonest an sleekit
the organisation his been behavin as regairds the cheengin
political seetuation in Scotland. Ae pynt shuid mak it clear:
UKIP, even the day, his hairdly onie pairliamentary
representation ava, yet whanivver there's onie political talkin

heids on the VoW – think Dimbleby an 'Question Time' – ye cin bet that ane o them'll be fae UKIP. The SNP, on the ither haun, wha hae a majority o Westminster pairliamentary representation fae Scotland are hairdly tae be seen. That this echoes procedures in the hoose o Westminster whaur endless Tories get tae speak on maitters Scottish while oor ain actual representatives get little or nae chance tae speak is nae accident. This is a deliberate anti-democratic process that stairtit wi oor notional national braidcaster giein incredible coverage tae Nigel Farage, even afore his pairty had onie representation oniewhaur. It jist micht be that this stairtit oot wi the heich heid yins haein a joke amang theirsels – it isnae that faur fae bein possible – an nou find theirsels in a trap o their ain makkin.

The utter an remorseless bias o the VoW agin Scotland's eleckit government is a disgrace (mind that A haud nae brief fer the SNP ither than bein ready tae gang alang wi them in tryin tae tak back Scotland's independent status) an they cin get awa wi it as the rest o the MSM are jist as sleekit an virulently anti-democratic. The constant lees an distortions we see ivvery day in the press are aw predicated on a single notion: that we Jocks shuid shut up an dae as we're tellt. Muckle o this arises fae the problems wi Englishness ootlined by Professor Anthony Boyle whan he said:

> The Scots and the Irish are 'divisive nationalists', according to May, for wanting a say in negotiations with the EU, but she does not notice the English nationalism in her claim to speak for the Scots and Irish against their will, or in her imposition of the English nationalists' vision of the EU on the Scots and Irish, whom the voting pattern in the referendum showed not to share it.

There's aye been fowk that have kennt jist hou baised agin Scotland the governance o the United Kingdom his been, but nouadays mair fowk are seein it ivvery day, despite the frantic efforts o the MSM. The remerkable Wings Over Scotland wabsite dis a grand joab o showein jist hou relentless the lees are, an gin ye've nivver had a keek, hae ane nou (wingsoverscotland.com). An mind that we aw pey fer the lees we're fed fae the VoW. But we shuid aw be grateful that they spend mair nor hauf o the siller they get in Scotland fae the licence fee on Scottish programmin, shuid we no?

There's an affy lot o argiement an discussin been gaun on anent whit shuid be duin aboot the dreidfu sitiation as regairds the media here in Scotland. Mebbe it'll no maitter, fer did we no go fae 28% tae 45% in the last roun o campaignin, an cin we no dae even better nou? Weel, the hysterical rantins o the MSM an the political classes o the British state will get rampit up even mair this time, sae we cin tak naethin fer grantit. We hae tae dae aw we cin tae mak siccar we tak back oor status as an independent sovran nation. Mair podcastin an live-streamin maitters but an affy lot o fowk still read the newspapers an watch the tele tae get the news an are subjeckit tae a constant barrage o lees.

Bit there's ither things forbye.

A'm a great believer in uisein aw the airts tae stimulate debate an get fowk intrestit, music o aw kinds, poetry, theatre, the visual airts, an onethin else that springs tae mind. Nouadays a great monie fowk seem tae be affy concernt wi whit gets cried 'social media', Twitter, Facebook an aw the ithers. Nou, A think they are gey uisefu tools, bit they're no the only anes. Posters, pamphlets (ye cin mak yer ain) an stickers hae aw been uised doun the years tae push particklar causes an they still cin hae a place, an gin they cin be funny as weel, there's nae hairm in that. Likewise there's nae hairm in agit-prop an street-theatre type acteevities. Ach, some fowk will get pit aff bi sic behaviour, bit only the kind o fowk that gets pit aff bi jist aboot oniethin. We need tae be thinkin oot o the box an tryin tae encourage dialogue wi awbuddie fer the feck o fowk that are pro-Indy unnerstaun that democracy means ither fowk hae as muckle richt tae their ain opeenions as ye dae yersel. There will still be Tories in the independent Scotland, an they'll still hae the vote.

We ken the Estaiblishment his the VoW an the rest o the MSM, an nae doot a haill raft o celebrities an zombie politicians will be linin up tae tell us we're no fit tae look eftir oorsels, but, as wis shown the last time roon, we hae the pouer o positivity an whit we need tae dae is tae get as monie fowk as we cin tae realise that an independent Scotland wuid be a far better place than Brexit Britain, a low-tax, low-pey haven fer dirty money fae aroun the warld, whaur workers' richts, social security, the state pension an the NHS itsel will be but memories as awthin is handit ower tae rapacious profiteers wavin the Union Jack. Ane o the possible weys o daein this that A see as bein pairt o oor ongaun cultural revival, as A've seyed afore, is tae celebrate as monie aspecks o that culture as we cin. An tae hae fun daein it. Tae quote fae the *Reader's Digest*, the hoose journal o the American Empire whiles, Lauchter is the Best Medicine. The sangs, leeterature an airt o Scotland dinnae belang tae Yes supporters, they're pairt o the heritage o awbuddie here, sae let's uise that tae encourage fowk that are sweir tae gie up the security blanket o supposed past glories, tae better unnerstand their ain Scottishness that is rootit in oor distincitve an dynamic culture. Eftir aw, we're aw Jock Tamson's bairns an that includes aw thae fowk ye micht be thinkin o as Yoons.

An we shuid mind that we hae historie in aw this afore the agitation in the 1990s. In 1951 twa million Scots, oot o a population o jist ower five million, signit the Scottish Covenant cryin fer 'a Parliament with adequate legislative authority in Scottish affairs'. Weel nou we hae a Pairlament, but fer an affy lot o Scots it isnae seen as near eneugh. Gien the duplicity o Westminster an awthin else, shuid we mebbe no be thinkin o a new Covenant as pairt o the process o makkin siccar that this time we win? This isnae aboot political pairties but the political will o the fowk o an ancient nation whause sovranty his nivver been surrenderit. Een gin ye think the Union his served us weel in the past, the quaistion nou is whither it serves us weel the day, an maist importantly wi the Brexit bourach loomin, whither it cin ivver serve us weel in the days tae come. Mind that the Tories are rulin in Westminster wi the votes o jist ower 25% o the British electorate an on the back o it are ettlin tae dismantle the Welfare State an haun ower the wealth o the nation tae carpetbaggers an profiteers fae across the globe.

This is the text o the National Covenant o 1951:

> We, the people of Scotland, declare our belief that the Union with England has run its course. In order to secure good government in accordance with our Scottish traditions and to promote the spiritual and economic welfare of our nation we hereby declare that it is time for Scotland to re-assert her status as a sovereign, independent nation...
>
> We affirm that the desire for such reform is both deep and widespread through the whole communitie, transcending all political differences and sectional interests, and we undertake to continue united in purpose for its achievement.

6

A Whirligig o Numpties?

EER SINCE THE Brexit vote, it's been gey clear that oor current
Government in Westminster are aboot as muckle uise as a
chocolate sodger. But even gin they are aw numpties, they're no
really as stupit as they seem. Richt eneugh the haill kintra's
finances are in a dreidfu state, there's mair an mair fowk
teeterin on the edge o starvation, diseases that are a direck
result o poverty are on the rise, an sic jobs as are bein created
dinnae pey eneugh tae keep boadie an sowl thegither, neer mind
feed a faimlie or buy a hoose. Sae yung fowk hae insecure
existences, rentin at hiezed-up prices an feart tae stairt a faimlie
gin they cannae feed their bairns. This is nae accident, as the
puir – includin monie fowk wi whit wuid aince o hae been
daicent joabs – get screwit, an daily-day the rich jist get richer.
This isnae accidental onie mair than it is inevitable.

Houanivver, the ideologically-obsessit numpties like Gove,
Fox an the ithers, or pathologically self-centred careerists like
May an Johnson dinnae hae tae care aboot the effeck o their
policies, that aye seem tae hae been drawn up on an auld
napkin at some London dinner pairty eftir a guid few bottles o
claret. Ye see, tae them it's a gemme. A gemme that some o
them, like Jobby-heid Cameron, Torn-puss Osborne, an the
grotesque Johnson cratur hae been thinkin aboot since they
were teenagers, rampagin aroun fer aw the warld like they were
Olympic Gods, siccar that whitivver trouble they micht cause,
their connections an siller cuid mak it aw disappear. An we
shuid aye mind, ower at the VoW (that some o the Tories are
aye tryin tae tell us is in some streenge wey 'left-wing') there are
ithers o their ilk, like the Dimbleby mannie on 'Question Time',
tae the fore, makkin siccar that the reality o pouer in Britian is
nivver shown in its true licht. Nae maitter whit happens as a
result o their policies, the gemme they play is tae aye pass the
costs on tae the population at large. They hae pals on the
boards o the airms companies that growe fat on public taxes,
an gettin extra fae the fack that they nivver bring their
contracks in on time. The airms companies are like lawyers: the
langer they cin keep ye waitin, the mair siller they'll tak aff ye.
D'ye think onie o that is accidental?

An whan crashes happen, fowk are flung oot o their jobs an
hooses, but dae ye think this maks onie difference tae the posh
boys an their pals? It's a richt hoot whan ye hear the likes o
them tell us aw we're tae tichten oor belts. The maist that'll
mean tae them is mebbe ae less bottle o hunner-pund-a-time
wine wi their lunch (in case oniebuddie taks tent). Bit wha wuid
tak tent these days whan the MSM is nae mair nor lickspittles tae
the rich. Bit, as the bourach o Brexit showes ilka day, siccan

fowk dinnae really hae muckle capacity for thinkin aheid. Awthin is reactive wi thaim, the verra push fer leavin Europe wis a ploy bi Cameron tae try an heid aff the challenge fae athin his ain pairty. An whan his ploy didnae wark... weel, he wis aff, leavin ithers tae clean up his mess.

In cam a bunch o chancers an fancy-dancers that naebuddie in their richt mind wid let rin a wulk-stall. Bit as lang as they are daein their verra best tae further the intrests o their pals in the City, the MSM an the estaiblishment in general will happily pit up wi them, een tho there is a total lack o a plan fer whit's tae happen eftir Brexit.

The lack o competence wis seen in Januar this year, 2017, whan the Prime Meenister an her Secretar o Defence got in an affy muddle ower the leakin o the fack that a Trident missile test hadnae gone quite tae plan in June the year afore. Aw the warld's intelligence services kennt fine that the Trident test wis an utter disaster bit the facks were kept back, no jist fae the nation at lairge (Tories dinnae really think the *hoi polloi* need tae ken whit gangs on athin the corridors o pouer) but fae Pairliament itsel, which is supposedly whaur the defence o 'the British way of life', an democracy itsel, is protectit bi aw thae honourable members. Members? Aye. Honourable? Mak up yer ain mind.

An this is a richt important reason hou we maun brak oorsels oot o the Union. These fowk arenae jist treatin us aw wi utter contempt, they are clearly no jist as bricht as they think they are. Hou Theresa May, the puir man's Thatcher, thocht that she cuid get awa wi hidin the facks beggars belief. Weel, mebbe. Her Defence Secretar, as bare-faced as ye cuid ivver see, cam tae Pairliament tae tell them that it wisnae government policy tae comment on Trident tests. This, whan in the past the

Government o the day his regularly shown films o sic tests! He leed tae Pairliament. Dae ye want tae be pairt o a system that allous Government meenisters, peyit wi yer taxes, tae get up an simply deny reality? Or is it jist that they are that obsessit wi sookin up tae the Yanks that they hae succumbed tae the Trump version o reality, whaur facks are whit he seys they are?

These fowk are a reflection o a system o governance that isnae fit fer purpose – weel, no fer onie purpose ither nor featherin their ain an their pals' nests. But the bet they are makkin is that they cin get awa wi aw this. An their plan is a simple ane, born oot o monie years o idolisin aw things Yank. They are bettin that they cin get oot o Europe an mak a deal wi the Big Bairn in the White Hoose that'll save the City an keep them aw in the custom they are sae uised tae. The plan is fer a low-pey, tax-haven economy leevin aff bein best pal tae an isolationist an protectionist America. An meantime, whit's happenin is banks an finance hooses that hae been sae important in makkin London the great success it is (as the money-launderin capital o the Warld) are awready makkin plans tae shift their offices an joabs tae various airts o Europe, includin Ireland. An the ither European pouers, wha dinnae subscribe tae the notion o English exceptionalism, will likely tak awa the financial passportin deal that allous London tae dae its joab launderin the siller fer crooks, oligarchs an despots fae aw ower the warld. Wi Trump in the White Hoose ye cannae really bet on oniethin. The warld is clearly mad, but ye ken whit – votin fer Scotland tae tak back its independence is ae wey o showein that no awbuddie is gyte an wuid set an example fer the rest o the warld that is sairly needit.

Propaganda and the Scottish Media

Deprive the people of their national consciousness, treat them as a tribe and not a nation, dilute their national pride, do not teach their history, propogate their language as inferior, imply they have a cultural void, emphaisise their customs are primitive, and dismiss independence as a barbaric anomaly.

THESE ARE THE wards o Reinhard Heidrich, the Director o the German Reich Main Security Office in 1930s. Muckle his been made this past while o hou the mainstream media hae been treatin the independence debate. Houanivver their incapacity tae deal fairly wi maitters o Scottish historie an culture is naethin new. Back in the 1992 in reaction agin the Tories winnin a Westminster election wi aroun 20% o Scottish votes, the need fer a Scottish Pairliament became gey clear and the movement taewards greater devolution gaitherit strength. A demonstration wis cried fer the 12th o December that on the day was attendit bi ower 25,000 people, which at the time wis seen as truly momentous. Ane o the groups actively promotin the cause wis the Vigil for a Scottish Pairliament which maintainit a permanent presence ootside the gates o the auld Royal High School on Embra's Regent Road – originally the designated hame o the howpit-fer Scottish Pairliament – fae the 10th o April 1992 till the Labour General Election victory in 1997.

Nou, the Vigil wis a non-pairty single issue concept but aw involved – an A wis ane o them – were fair taen up wi jist hou Scottish historie his been dealt wi in the period since the Union. Whan the date o the mairch wis decided we kennt fine that this was in fack a significant anniversary. Twa hunner year afore, tae the day, there hid been a Convention o the Scottish Friends o the People held in Embra agitatin fer pairliamentary reform. The upshot o this meetin wis that a group o men, kennt fae then on as the Scottish Political Martyrs, were transportit tae Botany Bay fer sedition eftir a series o blatant show trials presided ower bi the sleekit Henry Dundas, Viscount Melville, wha kept an iron grip on aw levels o Scottish publick affairs on behauf o William Pitt's Westminster government. In the past few year walcum attention his been focussit on ane o the Martyrs, Thomas Muir, but he wisnae alane an we shuid aye mind that historical cheenge is nivver actually aboot onie individual.

The mannie Shakepseare got it richt when he said, 'cometh the hour, cometh the man', but a leader is nae uise gin there's naebuddie tae be led. It's jist that the 'Big Men daein Big

Things' schuil o historie his been dominant fer a lang, lang time nou, an it's aye a simple story tae tell whan ye focus on an individual. It's ane o the realities o oor past that the Radical movement that led tae yon convention wis supportit by lads fae aw ower Scotland. Gien the times (an the ongaun bias o Mainstream Historie) we dinnae ken a lot o whit the weemin were thinkin, but they were gey weel representit in aw the riots an demonstrations o the period. While similar societies in England at the time askit fowk fer a few guineas as a membership fee, here it wis a few pennies, an that tells ye a lot.

As A mentionit in *Scotland's Future History*, anniversaries hae lang been a staple o the media sae it was decided tae let aw the media organisations in Embra ken aboot this significant anniversary. A fower page briefin document wis pit thegither an deliverit, bi haun, tae ilka radio an televeesion station an aw newspaper an news agency offices in the capital. The upshot? No a damn thing appearit in onie o the media. The Radical agitation o the 1790s – that included specific cries fer the owerthrow o the Act o Union – wisnae somethin the MSM wantit tae deal wi. Or shuid we mebbe consider the maitter in the licht o the quotation abune? The simple truth o the maitter is that muckle o Scotland's historie his been deemit unsuitable fer publick consumption bi the Gatekeepers that hae sae keenly supportit the status quo that suits their nest-featherin self-interest sae weel, an there's nae need tae censor them that are mair nor happy tae censor theirsels. An this his been happenin fer a gey lang time in Scotland

The role o the Scottish Radicals in Scotland o the 1790s – an Robert Burns was ane – and their links tae later political agitation his been virtually ignored and it is a tellin pynt that the maist significant monument in Calton Cemetery at the East

End o Embra's Princes Street – the monument tae the transportit Martyrs which towers ower the cemetery, raised bi publick subscription in the 1840s – disnae even rate a mention on the signboard at the gate that lists the 'notable people' buried athin its waas. A suppose drawin attention tae sic Radical behaviour in Scotland's past wis nivver likely tae happen whan aw the generations o cooncillors o Scotland's capital saw their ain wey forrit as bein hitchit tae the Unionist cairt. Political opeenion is ae thing, but the suppressin o a kintra's historie is anither, d'ye no think?

Heidrich suggestit it is a guid idea tae 'propogate their language as inferior'. This is precisely whit wis done via the Education Scotland Act o 1872 whaur it wis stipulated that the language o education wis tae be English, effectively disbarrin Scots and Gaelic fae the education system entirely. This wis thocht tae hae finalised the process – which had accelerated durin the Enlightenment wi them that considerit theirsels the 'elite' in Scotland – apein the manners, attitudes an language o the southron upper cless. In eftir years, aince the assimilation o Scotland into Britain wis assumed tae be complete, it became acceptable amang at least some o thaim that flourishit thru their support o Unionism, tae tak an interest in Gaelic and later in Scots. The languages o Gaelic and Scots were assumed bi the Gatekeepers in the 19th century tae hae been cleansed fae aw important areas o society an cuid be safely left to slowly dee oot on the tungs o the great unwashit. Gin ye wantit tae get on ye spoke English – an attitude that his left deep cultural scars aw across Scotland tae this day. The fack that baith languages hae survived an are nou taught in oor schuils tae some extent is illustrative o the virr and smeddum o our indigenous tungs, despite the best efforts o the Gatekeepin classes.

A hae awready made the pynt that there wis a strand o nationalism apparent amangst the Radicals o the 1790s an later, but an earlier period o our historie supports the notion that this wis naethin new. The representation o the '45 as a doomed romantic adventure by the deein remnants o an anachronistic society his lang been a cornerstane o British historie. The fack that the Hielands were nae truly 'pacified' till near a decade eftir Culloden, that muckle o Lowland Scotland was subjeckit tae military occupation at the same time, an that Charles Edward Stewart wis still actively tryin tae tak back the thrones o his ancestors till the late 1760s, hae been conveniently ignored bi mainstream historians, happy to gang alang wi the notion o British historie – an it his nivver been mair nor English historie wi a few sops tae the 'fringe' nations o these islands. An alang wi this suppression there his been nae attention peyed till gey recent tae the reality that monie o the Scots that cam oot in the Jacobite rebellion o 1745, fae Lowlands an Highlands baith, were heirs tae a tradeetion o nationalism that had been lang growein on the resentment o the majority o the Scottish people tae the Union o 1707. Maist o the Jacobite leaders at the time wuid hae been richt happy tae hae a Stewart king o Scotland, free o aw ties tae oor southron neebours. That, tho, wisnae whit Chairlie or his faither were aboot, fer they only ivver saw Scotland as a means tae an end.

Sae we shuidnae be surprised that the MSM in Scotland, thirlit as they are tae the preservation o the status quo, shuid be sae biased, they see support o the Estaiblishment tae be in their ain interest, an their owners like tae see theirsels as pairt o that (British) estaiblishment, an perceive siccan an attitude tae be in their ain interest. Hamish Henderson uised tae regularly remin me o the Italian Communist philospher Gramsci sayin politics follaes culture an nivver the ither wey roun, and there is nae doot that we hae seen a Scottish cultural revival ower the past few decades. An historie is a cornerstone o culture – the mair we ken o hou we hae been leed tae, the mair we will insist on takkin back control o oor ain lives, and oor ain land. Ye see, independence is aboot the future but as the auld cliché his it, hou can ye tell whaur ye're goin gin ye dinnae ken whaur ye've been.

Cultural Diversity is Cultural Strength

THE DECISION TAE screive this book in Scots is in pairt a
recognition o Scotland's cultural diversity. Ane o the grand
things anent the Scots tung is the fack that sae monie separate
dialecks are still thrivin in the modren warld. Aiberdeenshire an
Ayrshire, Borders and Dundonian are but a puckle o the braw
varieties o the auld leid o Scotland ye cin still hear the day.
Factor in that hou Gaelic his its ain varieties forbye an ye cin
see that homogeneity o culture isnae comin here onietime soon.
This reflecks a dynamic, leevin cultural ambience, an in a time
whan attention is bein payit tae the sleekit influence o
globalisation (an Americanisation in particklar), it tells us
somethin that we shuid tak tent o. Jist as the leids survive, sae

dae a great monie o the braider aspecks o Scottish culture. An
this his happenit in the face o whit some micht sey his been a
near irresistible wave o English cultural dominance. Ane o the
reasons this book is screived in Scots is tae mak the simple pynt
that defendin Scottish culture is o great importance gin we are
ettlin tae tak back oor status as a nation state. A mentionit
afore that in 1872, bi Westminster government diktat, baith oor
indigenous tungs were wheechit oot o eddication. Whan ye
think that even the day mair nor a third o the fowk here still
speak Scots an back in the mid nineteenth century there were an
affy lot mair Gaelic speakers than there are nou, ye cin see this
as a blatant act o cultural colonialism.

The argiement that it refleckit reality is dreck. It wis a
deliberate attempt tae haud doun Scottish culture bi denyin onie
offeecial recognition tae oor indigenous tungs. Bi thon time the
drawin rooms o the professional classes in Embra an the
successfu merchant class o Glescae micht weel hae rung tae
Anglicised forms o speech bit that wisnae the case in the kintra
as a haill. Some fowk micht sey it's a bittie paranoid tae see this
as a deliberate attempt tae get rid o Scotland's auld tungs, but
ye cin mak up yer ain mind.

Altho things are gettin better in some areas, there is still an
affy lot o wark tae be duin. Ye cin hear it on the VoW whan
ivvery wee while on Radio Scotland (no whit it's cried in oor
hoose) they'll hae their presenters uisein Scots wards – an ye cin
hear their utter embarrassment in the fack that they cannae stop
gigglin – showein theirsels tae be nae mair nor the culturally
bereft, self-deracinated pathetic bunch o wee hingers-on that
sae monie o them sadly are. This is the Scottish bourgeois cringe
in action.

Twa hunner year ago warnin was gien that Scots wis deein;

and a century eftir that Robert Louis Stevenson repeatit the warnin seyin that the mither tung wuid be deid athin a generation. Yet aw ye hae tae dae is tak a dauner alang the streets o jist aboot onie Scottish toun or city an ye'll hear that Scots is an affy lang wey aff fae bein deid.

We cin tak solace fae this simple fack that the auld leids arenae deid, an thanks tae the 'Curriculum Fer Excellence' in particklar, the schuils nae langer pretend that Gaelic is a deid tung or onlie let Scots be heard in the classroom roun aboot Rabbie Burns' birthday. There's monie fowk yet breathin that cin mind gettin the tawse fer uisein Scots wards in the schuil, sae ye cin see there his been some progress. Some fowk like tae think that hingin ontae the auld leids is jist some kind o middle-class self-indulgence. Weel, maist o the third o the population still uisein Scots as their first tung arenae fowk ye wuid likely cry middle-class.

Forbye the cultural an political argiements, there's ither guid reasons tae fer haein Scots, an Gaelic, in the schuils, an that is as regairds eddication itsel. Gin a bairn comes tae schuil speakin Scots an is tellt tae aye uise English, he or she isnae gonnae get encouragement tae see eddication as warth muckle. Fer bi seyin the wey they speak is wrang, yer're tellin them their faimlies and the communitie they come fae are, like them, in ae wey or anither, inferior. Things are gettin better but there's still a wheen o fowk that are thirlit tae the notion that tae get on (an we're aw keen tae see oor bairns get on) ye hae tae talk posh. This ignores the fack that gin ye ken yer ain first tung is Scots but ye get a lot o yer eddication thro English – an that's the language o text books in ilk subject – ye will likely be able tae mak yersel unnerstood tae oniebuddie that speaks English but disnae hae Scots. An anither thing is that teachin yung fowk anent language difference fae an early stage helps them learn ither languages, a fack that wis shown bi a haill load o research amang Europe's minority tungs at the tail end o last centurie.

Houanivver, despite an affy lot o fowk seein the leids themsels as the maist important thing, an A hae kennt a few linguisitc fanatics in ma time, whit is really o the greatest importance is that the auld leids preserve o no the jist the vyce o the people but the culture o the kintra. Ae example o this is the survival o storytellin in Scotland. Gang tae the uinverstity an they'll likely tell ye that this is doun tae the culture o oor traivellin fowk, an the rural Gaelic an Scots speakers that researchers went oot amang in the 1950s an '60s. While there is nae doot this wis o major importance in recordin a lot o invaluable material, the real pynt aboot onie culture is no that fowk treat it like its somethin tae be noted, recordit, catalogued an screived aboot in learned volumes. The pynt o culture is that it is a leevin thing, an A cin tell ye that storytellin nivver stoppit in the shipyairds, or the foondries, or the pubs or in faimlies. We are affy lucky in Scotland in haein the warld's first storytellin theatre, The Netherbow, in Embra's High Street, an we hae a lot o fowk that kin mak a leevin as storytellers – tho the deid haun o austerity faws like a hot knife on butter on aw maitters cultural in the schuils – but they arenae aw jist tellin stories fae auld books. Some are leevin representatives o tradeetions gangin back centuries if no millennia, an ithers, like masel, came up tellin urban stories, heard in pubs an warkplaces in the cities. It's ane o the delichts o bein pairt o a nation that still cin celebrate its distinctive culture that ye cin learn things like the fack that some o the stories A've pickit up in bar-rooms are jist the same as stories that were tellt oot amang the rural populations o Scotland, baith Gaelic an

Scots-speakin, mair nor a hunner year ago – an that some o these tales are a haill lot aulder nor that.

A hae seyed it elsewhaur in this book but, tho it micht be richt eneuch that winners screive historie, it disnae stop the defeatit singin sangs an tellin stories. Estaiblishment historie is aw aboot Big Men Daein Big Things, but is that yer historie, or een that o yer ancestors?

It's a maitter o fack that some o the stories fund aw across oor kintra are jist the same, an some scholars hae spent an affy lang time tryin tae plot whaur they stairtit. It disnae maitter a whit whaur they came fae, it's whaur they were tellt that maitters, fer even eftir the comin o written leeterature the stories kept bein tellt, an, tae mak siccar that bairns got the pynt o the tales, they are aye set athin the environment o the communitie they are tellt in. It's the same the haill warld ower an this is ane o the major things that are at the very hairt o cultural diversity. It's the same wi sang; collectors noticed lang, lang ago that sangs hae lots o local variants, an the truth o the maitter is that nane are mair important nor onie ither. The sangs an the stories are aw Jock Tamsons' bairns as weel fer hewis a braw chanter an storyteller, oor Jock, wis he no?

There's an argiement here that sees this fundamental localism o sae muckle indigenous culure athin ae kintra as bein in some wey akin tae individual cultures an kintras as bein the constituents o internationalism. Fer monie years A wis tellt bi monie fowk, as aften as no members o the Labour Pairty, afore it decided tae commit hara-kiri in Scotland, that bein a nationalist meant A cuidnae be an internationalist. A wis turnin ma back on ma brithers an sisters in England. No ma brithers an sisters in Europe, Africa, America an the rest o the warld – it wis aye the fowk in England A wis tellt A wis desertin. Ma reply wis generally alang the lines that, gin bein an internationalist meant respeckin ither fowk's nationalities, an cultures, hou shuid mine no be respeckit forbye? It wisnae that uncommon that ye wuid hear somebuddie argiein fer the cultural an political richts o the Inuits, or Australian an Sooth American tribal fowk, but tellin me that it wisnae the same thing ava tae mention the cultural an political richts o the Scots.

An jist sae ye cin see gin some fowk dout hou international oor culture is, an his been fer a lang, lang time – wha's been the maist publishit poet in the warld? Here's a wee hint – it isnae Willie Shakespeare.

The Pouer o Sang

Winners micht screive historie, but the defeatit cin still sing.

THRU THE SIXTIES an seeventies there were them that lookit doun a wee bit on ane o Scotland's maist popular singin acts – the Corries. They were seyed, bi some, tae be a bit ower populist an prone tae steerin up unwalcom ideas, sic as that there wis somethin tae the Jacobites. Nou, it had cam aboot thru the supposed Folk Sang revival o the '50s an '60s – fowk singin the auld sangs in hooses, pubs an clubs aw ower Scotland nivver thocht there wis onie need o a 'revival' – that the Jacobite sangs had 'aince mair' come tae the fore. The truth wis that they hid nivver really gane awa. They were popular thruoot the nineteenth century, an tho monie mair modren musicans cuidnae be daein wi the stiff an pseudo operatic style o monie interpretations o siccan material, they were aye gettin sung baith here an abroad. It's weel athin leevin memorie fer monie o us that faimlies wuid gaither in touns an cities, particklarly roun the New Year, an hae whit were really jist urban ceilidhs whaur awbody had tae contreebute tae the festivities bi singin a sang, playin a tune on an instrument, or mebbe recitin a poem or monologue; an tho a lot o sangs sung at thon gaitherins cam fae the music halls an the radio, the Jacobite sangs were nivver far awa.

An the popularity o the Corries maistlike had a lot tae dae wi the familiarity o the sangs they were singin. Here A maun tell the truth aboot masel an at least some o the Jacobite material. Bi the time A wis in ma mid teens A wis stairtin tae perform in pubs an at folk clubs an tho ma tastes were aye taewards the blues an jazz back then, whiles A wuid sing traditional Scottish sangs. No verra weel, it maun be seyed forbye (music, tho, is ane o thae things that if ye keep at it ye cannae get onie waur: ye cin gang far wi a bit instrumental ability an a brass neck). Oniewey, ane o the sangs A wuid nivver sing, wis 'Will Ye No Come Back Again' – an unashamedly Romantic sang aboot Bonnie Prince Chairlie pennit at the stairt o the nineteenth centurie by Lady Nairne, that jist happenit tae be ane o ma Grannie's maist favourite sangs o aw time. A widnae play or sing it. The reason fer that wis as plen as plen cuid be – it wis a sang o praise tae a mannie that A kennt fine wis a Royal numptie wha had led monie guid Scotsmen tae their daiths an monie mair tae banishment in a uiseless attempt tae win back the thrones o England an Scotland fer his faither an, in time, himsel. That wuidnae dae fer a yung mannie steepit in Marxist dialectic an eager tae dae his bit fer humanity.

It's no wrang that youth is whiles wastit on the yung. It took me monie years o research intae Scotland's actual 18th centurie historie tae see whit in fack thon sang wis. Like monie anither sang written fae eftir the bloody days that follaed Culloden, that sang wis deeply symbolic fer the Scots, an their culture. The historie books uised fer teachin, written bi fowk wha kennt whit side they were on, gied us aw a story that the '45, like the '19, the '15, an even the bourach o 1708, wis a scheme bi Royalists tae bring back the Stewarts. Weel, jist think o this: the nicht afore Bonnie Prince Chairlie took his airmy intae England he had tae face doun near aw o his ain War Cooncil wha wantit tae bide in Scotland, bring his faither ower fae France, mak him King o Scotland, an effectively ding doun the 1707 Treaty o Union.

Fer Scotland had nivver forgot thon treaty arose fae bribery an corruption an wis nivver in onie wey reflective o the will o the people – that same people that, as far back as 1320, hid been thocht o as the Common Weal. Jist as there were mair Lowlanders nor Hielanders in that airmy, the reality o historie his been 'adjustit' tae fit the needs o a story emanatin fae Whitehall, an parrotit bi their minions here. Whan Burns scrieved Jacobite sangs, or sangs o Bruce an Wallace, he kennt fine that he wis expressin the feelins o the Scots, een gin he had tae watch whit he seyed wi Henry Dundas's government spies aye ready tae find sedition an treason gin they cuid. An the Jacobite sangs remindit fowk tae nivver forget no jist the murder, rape an pillage that wis perpetrated bi the British Airmy an Navy in the late 1740s an '50s, but the fack that the Wanchancy Covenant wis nivver whit their forefowk had wantit. An the Corries kennt that, forbye – hou the identity o the Scots is rootit in oor poetry, sangs an languages an in whit oor historie actually wis, an no the patronisin chocolate-box an tartan tosh that we hae been handit doun fer sae lang.

The sangs kept on gettin sung fer the reason they mindit fowk o wha they truly were. An fer me, like sae monie Scots, yon has nivver been British. Jist as stories an ither folklore survives in communities fer the simple reason that they are relevant tae sic communities, it's the same wi the sangs. They'll no get sung gin fowk dinnae want tae hear them.

Sae, as we celebrate oor ain culture, lat's aye mind that aw the heroes werenae on battlefields. An nor are theyaw lang deid eethir. An these days A sing 'Will Ye No Come Back Again' ivvery chance A get.

Airtistic Licence

A WHILIE BACK Alasdair Gray got a richt sair lug fae the MSM anent the distinction atween whit he cried 'settlers' an 'colonists' (http://www.word-power.co.uk/viewPlatform. php?id=610). The real problem is that the MSM think it aw richt tae cry Scots aw kin o things an denigrate aw sorts o Scottish behaviour – maistly made-up, or at the verra least exaggerated – but criticism o oniethin or oniebuddie English is aye seen as naethin but racism. But Alasdair wis ontae somethin. Ane o the things ye aften hear fowk complainin aboot that nivver really crops up in the media is the nummer o fowk leadin Scottish organisations that arenae Scots. Time eftir time, fowk that arenae Scots come on the VoW (a.k.a. EBC) speakin on behauf o some offical boadie or NGO. Nou, A hae heard politicians speakin aboot this in the past an they hae aye trottit oot the same auld story – we appynt on merit, no nationality. That's aw verra weel but far ower aften the implication o that is they seem tae believe there canna be monie talentit Scots capable o rinnin things. This flees in the face o aw reality as Scotland his been exportin talentit indeeviduals aw ower the warld fer centuries. Sae mebbe the reality is that there are nae fowk left here in Scotland that are o the kind needit tae rin things? Ma erse! Whit we're seein is the result o the Scottish Cringe o the Labour Pairty, fer, tho their days are fadin fest, they were the anes that had the pouer an patronage tae appynt fowk fer maist o the past hauf-centurie.

As A see it, the truth o the maitter seems tae be that whan it comes tae governance, jist as whan it comes tae braidcastin, Scotland his been rin as a colony fer an affy lang time. The sad thing is that it didnae need onie publick-schuil numptie in Whitehall tae mak siccar that things are rin accordin tae the diktat o the estaiblishment; they kennt fine the Labour Pairty in Scotland wuid aye dae their biddin athoot even bein tellt.

Nou, Alasdair's airticle arose fae the fack that ower the past few year there his been a lot o dissent amang the creative sectors o Scotland directit agin whit is nou cried Creative Scotland (that uised tae be the Scottish Arts Council). Time an agin ower the years, this organisation his been attackit fer bein oot o touch wi the realities o Scottish culture. An whan ye consider that, as far as A ken, there hisnae been a Scots-born heid o this organisation in ma lifetime, ye cin see the pynt. The lads and lasses that hae been appyntit micht aw hae been paragons o virtue, steepit in experience o maitters cultural an aw loued their grannies, but hou come it's no been thocht that appyntin Scots fowk tae siccan poseetions is the richt thing tae dae?

It's clearly a bit o a problem as oniebuddie brocht up here, nae maitter their birthplace, kens fine that Scottish culture is quite distinct an gin ye're no fae here, or ye hivnae been bidin here a lang time, ye'll likely no even ken that. Houainiver, gin yer job is tae mak siccar that culture is remorselessly apolitical, bourgeois an safe, bein ignorant o the ongaun realities o leevin Scottish culture will be nae hindrance tae ye. The problem is gin ye want culture tae be apolitical ye're a servant o the Estaiblishment, whither ye ken it or no, or mebbe that shuid be, whither ye admit it or no. The fack that a richt unnerstandin o Scottish culture, history or even geography isnae a requirement fer the joab tells ye aw ye need tae ken.

Raicently A wis takkin pairt in an international project anent the quaistion o a canon o oral leeterature (a ken its an oxymoron but it maun be cried somethin)seemilar tae the various canons o acceptit leeterature. The reality is simply that, bi its verra survival, a story is pairt o the leevin canon o sic stuff, fer if it didnae fit we widnae hear it. This A'm suggestin micht be true o a lot o whit we think o as popular culture. It disnae depend on onie middle-class nories o acceptabilty, respectabilty or creativity tae survive – think o fiddle-an-box clubs as an exemple, they survive simply because fowk like tae play an listen tae this pairt o Scotland's indigenous cultural tradeetions – but they dinnae get onie acceptance as 'art', on the grunds that the culture o the people isnae warth takkin tent o. Yet this is hou oor sangs an stories, dances an instrumental music live on – because they are pairt o leevin culture.

But jist as monie appointees tae the upper strata o airts jobs in Scotland dinnae ken o sic things, they likewise tend no tae ken wha Jock Tamson is, an tho mebbe they ken o Hugh MacDiarmid, as weel as Burns an Stevenson, whit dae they ken o the literally thoosans o ither Scots screivers, etc, that arenae in 'the canon'?

Anent aw this there's a wee tale been gaun the rouns in Embra. As Meenister fer Culture Fiona Hyslop went tae a meetin wi aw the big ticket fundit airts organisations in Scotland. She sat doun an first realised that, apairt fer hersel, amang the near dozen fowk at the meetin there wis only ae ither wumman. In this day an age this wis mebbes a wee bit unfortunate bit that wisnae jist the haill story. It took her a while afore she realised that she wis the only Scot there. Dis this maitter? Jist imagine the same kind o seetuation in England wi awbuddie ither nor the meenister bein fae ither airts. Nae chance. It maitters.

11

'Tae See Oorsels as Ithers See Us?'

FER MONIE YEARS there's been discussion aroun Scotland anent the problem o hou the metropolitan elite in Westminster see the warld. The combination o ignorance an arrogance that merks oot public-schuil an Oxbridge types is screaminly obvious tae monie o us. An at the hairt o it we cin see there is a queer an mirky attachment tae the notion o 'British' exceptionalism. Bi this A mean the aft-expressit opeenion, rife in the twistit rantins o the MSM, that tae be British is tae be somethin special in the warld. Ye cin see it in the drivel spittit oot bi Theresa May whan she tells us that the EU will suffer waur nor the UK whan her glorious reid, white an blue Brexit comes aroun. This is borderline dementit, but whan ye draw attention tae siccan

idiocies we are affy likely tae be accused o anti-Englishness in
the MSM an bi the various shades o Tory Politician that mak up
the great majority o the MPs on the banks o the Thames.
Awbody that his focht agin the repressive policies o British
governments kens this weel an it's no somethin ye hear muckle
aboot in the British media, thirlit as they are tae supportin the
interests o the estaiblishment. Houanivver, A've awready
mentionit an airticle that raicently came oot in the *New
European* newspaper that awbody wi onie interest ava in the
future o onie o the kintras that mak up this gey uneasy Union,
shuid be readin. It is bi a Cambridge professor o German cawed
Nicholas Boyle an it gets richt tae the heart o the maitter, an A
maun sey that in monie weys it is reminiscent o the ideas in
Joseph Conrad's grand novel *Heart of Darkness*, that in its turn
wis the inspiration fer thon braw film *Apocalypse Now*.

Fer Professor Boyle tells us that the problem wi the English,
an he is ane o them, is that they are hingin on tae the past like a
drounin man clauchtin at straws. They cannae forget hou aince
the British Empire ruled the warld, an ane o the pynts he maks
is that they are aye talkin aboot (quotes) 'punching above their
weight' on the warld stage. He richtly speirs whit fer? Hou
shuid they be wantin tae be mair important than onie ither
kintra? This is fae the airticle

> Europhobia was shown by the [Brexit] referendum to be
> a specifically English psychosis, the narcissistic outcome
> of a specifically English crisis of identity. That crisis has
> had two phases, roughly two centuries apart.
>
> In the first phase, in the eighteenth century, the English
> gave up their Englishness in order to become British, the
> rulers of the British Empire; in the second phase, in the

middle of the twentieth century, they lost even that surrogate for identity and have been wandering ever since through the imperial debris that litters their homeland, unable to say who they are.

Whit he seys maks an affy lot o sense an ye cin see it in the raither dementit screivins in the sports pages o the London blatts whanivver the Engish fitba team fails tae win yet anither major trophy.

An it's no jist the Bullingdon Boys an their rich posh freends that think this is the wey o it. It is pairt an parcel o hou sae monie English fowk see theirsels. No them aw bi onie stretch. But as the Brexit bourach shows, it's eneugh o them tae be a problem, fer theirsels as weel as fer oniebuddie else. The side o Englishness that his seen fowk fechtin fer the richts o minorities an promotin international peace an solidarity fer centuries is no somethin that features aw that aften in the MSM. An the attitude o the British state itsel wis seen gey clear in the infiltratin bi unnercover polis o a haill reenge o peacefu an perfeckly legal protest groups ower the past couple o decades.

But as A hae seyed elsewhere in this wee book, the attitude o monie English fowk tae ither nationalities is no that grand, an Prof Boyle gangs even further in cryin doun whit A believe he richtly sees as xenophobia:

> The referendum vote does not deserve to be respected because, as an outgrowth of English narcissism, it is itself disrespectful of others, of our allies, partners, neighbours, friends, and, in many cases, even relatives. Like resentful ruffians uprooting the new trees in the park and trashing the new play area, 17 million English,

the lager louts of Europe, voted for Brexit in an act of geopolitical vandalism.

Nou, A hae relatives in England, includin some born here that were brocht up sooth o the Border an consider theirsels English nou, even supportin the fitba team! Like monie faimlies there his been the odd wee fawin-oot ower the Independence quaistion. But bein as auld as A am, A've been thinkin on sic things fer a gey lang time an ae o the pynts A hae made time an agin tae faimlie, an ither freens, fae sooth o the border is this: A believe that an independent Scotland cin only be guid fer the English in the lang run. It'll mak them face up tae the fack that they havenae had an Empire fer a hell o a lang time nou an that the notion o English exceptionalism, that Professor Boyle maks sic a lot o, is like a mirror image o the elitist, arrogant an ignorant view o the warld that is fosterit at the English public schuils an Oxbridge. Ae exemple o this happenit a few years back on the Vyce o Westminster. A publick-schuil an Oxbridge journalist chap set oottae hae his sey on the Scots' push fer independence. Accordin tae this chap, Ian Hislop bi name, England took Scotland intae the Union tae save us fae oorsels in the economic crisis that follaeit on fae the Darien misadventure. Nou, Mr Hislop is a product o the public-schuil an Oxbridge eddication system – that we are aye gettin tellt is the best that siller cin buy – an that his supplied a remairkably high percentage o MPs, present an past. He clearly had nae awareness that the majority o Scots were agin the Union, or that it wis brocht aboot bi a combination o bribery an threats. This is as clear an exemple as ye cuid want o whit Professor Boyle is talkin aboot.

Anither wey an independent Scotland cin help the English is bi showein them that there is an alternative tae the policies o austerity sae beloved o the rich. Fer, thru aw the austerity o the past decade, the rich hae been gettin richer een as awbody else gets puirer. That is precisely the pynt o Tory policy. Neer mind that we dinnae hae the Oil Fund we cuid hae had, neer mind that oor contribution tae the British Exchequer his aye been mair nor we get back fae Westminster (an A mean eer syne 1707, check the figures), aince we tak back oor independent status as a nation state, the differences atween hou fowk live up here an doun there will stairt tae become gey clear. An hou? Fer wha will likely be formin oor government will hae nae aspiration fer Scotland tae be a low-pay, tax haven fer the rich whaur workers' richts an a social contract atween the governit and the governin are jist a fadin dwam. It his lang been a howp o mine that an independent Scotland micht jist provide a model fer the Engish electorate tae apsire tae an help them move awa fae siccan a Dystopian future.

A hae little doot that amang some o the pathetic hacks that constitute sica proportion o the English media, that there's ane or twa that'll mention that Boyle is an Irish name, an micht uise that as an excuse tae attack the guid professor. It's hou they wark, an the thing is that gin sic things happen, an mebbe they'll aw ignore him, as they are affy guid at ignorin oniethin that disnae play tae the notion o English exceptionalism, aw it will dae is show that he is richt. Houanivver, we hae tae realise that gin this does happen, it'll no be racist. Hou? Fer the simple reason that the English media are nae racist in onie wey, shape or form. We ken this due tae the fack that they tell us this. A'm mindit o a quote fae the Christian Bible:

> 'Hou is it ye luik til the spail in your brither's ee, an tentna the dail in yer ain?' MATTHEW 7:1:3

Ae wey o lookin at the Professor's piece is tae see it as a bit o a cry fer help, an we shuid aye be ready tae help oor neebors. An A jalouse that the best wey o daein that wuid be tae get as monie fowk as possible readin jist whit Professor Boyle seyed. As A screive this, it cin be fund at https://www.theneweuropean. co.uk/top-stories/the-problem-with-the-english-england-doesn-t-want-to-be-just-another-member-of-a-team-1-4851882

An in the days tae come whan we tak back oor independence, A truly howp we cin be an example fer the progressive forces in England, nae maitter their current sad state, tae help them fecht tae get back whit May an the ither piratical, neo-con Brexitters are gonnae tak awa. Or as the same mannie seys in the Bible:

> Til havers mair is gien, till it faur owregangs their need; frae not-havers is taen een what they hae. MATTHEW 13:12

12

The Land Endures

RECENTLY A Hielan estate on Speyside wis pit up fer sale. This at a time whan the Scottish Government his been takkin baby steps taewards sortin oot the dreidfu state o landownership in Scotland, whaur vast tracts o land, in baith kintraside an city, is ownit bi opaque foreign based companies that naebuddie kens oniethin aboot. Nou, the land quaistion his been debated a lot ower the past few year, an Andy Wightman, nou a Green MSP in the Pairlie, his made a grand job o showein jist hou bad the land seetuation in Scotland is, baith historically an the-day.

The land interest his aye been pouerfu in Scotland an there's nae prizes fer guessin whaur the lairds hae aye stood on the maitter o oor relationship wi England. Generations o them hae been turnin theirsels intae pathetic imitations o the suddron aristocracy eer syne Jamie I and VI skited aff tae London whan his auntie dee'd. Is there oniethin mair boak-makkin nor a kilt-clad, bool-in-the-mooth, Eton-eddicated toff tryin tae tell ye hou Scottish they really are? Nou, ma auld mither aye did tae tell me that naebuddie gets tae choose whit kind o faimlie they are born intae, an A hae kennt a lairdie-like or twa masel that micht jist pass as human. But as a group they arenae whit ye micht cry a blessin on humanity. An the sale o this estate maks the pynt jist hou sleekit the lairdies cin be.

Fer the actual estate wisnae up fer sale. Gin it had been, the tenant fairmers – wha are the fowk that wark the land an seldom if ivver, get tae see onie o the grants an ither benefits that land ownership brings in – wuid hae had the richt tae buy the lands they wark. That wis a richt raicently brocht in bi the Scottish Government. But the lairdie's lawyers fund a wey roon it. They werenae sellin the land but the shares in the company that ownit the land. As a piece o sheer damn cheek this taks some beatin, but the land interest his nivver thocht there shuid be onie democratic control ower what they dae; eftir aw, maist o them actually believe the keich that they are oor 'betters'. It's whit they are tellt at the English 'public schools' (an their sad Scottish imitations). Gin ye teach onie bairn that bi the age o echteen they ken aw there is that needs kennin, it's jist a wee step tae them thinkin oniethin they dinnae ken isnae warth kennin. An A wuid gang sae far as tae sey the 'self-confidence' biggit intae the products o this eddication system (which maist o ye ken fine is anither ward fer arrogance) combined wi a total lack o awareness o ither weys o thinkin than they were exposed tae at schuill, leads tae a glaikitness that wuid gar ye grue. But stupit or no, they hae had their hands on the levers o pouer an siller fer a gey lang time in this auld nation o oors an, wi the aid o generations o sleekit lawyers an servile politicians, hae made siccar their influence nivver dwines.

Whit wis even sadder, but, wis that there wis nae statement fae the Scottish Government – or nane that A saw – aboot this blatant joukin o the will o the Scottish Pairliament. They had cheenged the law tae benefit the tenant fairmers, but whan the landit interest thumbit their nose at them, whit did they say? Nou, we aw ken that the corridors o pouer in Embra are fu o admeenistrators, lawyers, accoontants an ither management types that see their ain interest as hingin in tae the coat-tails o the Union an sook up whanivver possible tae the British Estaiblishment, bit it is shairly time that oor electit representatives were tellin sic numpties tae dae their joabs richt or they'll be oot the door. Or are there still ower monie o oor MSPs that are likewise still thirlit tae sic interest? Time will tell.

13

The Quaistion o Tourism

> There are plenty of ruined buildings in the world but no
> ruined stones
>
> HUGH MacDIARMID

WHAN HE SCREIVED THIS, MacDiarmid wis tellin us that human cultures pass an that the land abides. This is somethin that oor far distant ancestors had some sense o, an here, jist like the rest o the warld's fowk we are nouadays encouraged tae think o as primitive, they had an unnerstaunin o the importance o respeckin the environment an were gey aware o the frailties o human existence. Noudays the notion that man is on an ivver upward technological growth curve makkin awthin better fer awbuddie flees direckly in the face o aw the evidence. Shair eneugh, some fowk are daein fine, but the nummers o puir fowk

87

aroun the warld are growein as the rich few get ivver richer. The obsession wi siller that his brocht the warld tae the edge o catastrophe thro pittin profit afore baith oor environment an fowk theirsels, is rootit deep in aw oor systems o governance an damn near ilka governmental an non-governmental publick organisation. Awthin is aboot the Bottom Line (as A seyed afore) bit there's anither aspeck tae this. Fowk wha like tae talk aboot the 'bottom line' will aye tell ye that they are aw aboot 'pragmatism'. Nou, that's aw fine an guid, bit whit aboot morality?

Or, tae pit it anither wey, whit siccan fowk maist aften really mean is that they are aw fer the practickality o makkin siller, generally fer theirsels, an that morality, or the notion o publick guid, is somethin that simply isnae practical, or affordable ava. An this is whaur the role o tourism comes in. The sleekit, profiteerin suits that are aye ettlin tae turn historic buildins ower tae profit-makkin enterprises will tell ye time an agin that they are lookin tae 'address the mairket'. That aw the tourists that come tae Scotland are needin hotels an restaurants an 'experiences' tae enhance their veesits. Weel, here's the thing: fowk come tae veesit kintras fer the reason that they want tae see a particklar kintra an experience a culture that's no the same as their ain. Hou else wuid ye want tae go onie place? An the developers that are supposed tae be servicin the mairket are siccan a bunch o soul-less, de-cultured, siller-obsessit, philistine parasites that they hae nae idea ava o whit actual culture is. Tae them culture is a means tae makkin money – full stop! That's aw they are concernit wi, an it is this that maks them sae dangerous.

Houannivver, they wuidnae get awa wi hauf o sic vandalism gin it wisnae fer the politicians an local government staff fawin fer the same guff that the accoontants are aye shoutin at them. Tourism brings jobs we're tellt. Aye richt, but whit kin o jobs? The best example o whit cin gang wrang is mebbes the Trump developments that are designit tae bring in fowk wi plenty o siller tae Scotland whaur they'll spend lots o thon siller, the vast majority o whilk gangs straicht oot o Scotland an intae the various bank acoonts o the Trump corporation an then intae the pockets o The Trump himsel.

Nou, here's another thing: hou cin ye get an 'authentic cultural experience' whan the tourists ootnumber the locals? This is a serious quaistion, an fer them amang us that bide in the hairt o Embra, fer instance, it's a pressin ane. The leeches o development are eftir ilka buildin an bittie land they cin get their dirty mitts on, an the historie o Embra Cooncil in aidin an abettin sic behaviour is weel documentit. It disnae hae tae be this wey. Aw it needs is tae hae a properly thocht oot policy anent toursim, ane that pits publick guid afore private profit, an things wuid be a hell o lot better. Sadly, aw oor political pairties cannae see ayont tourism as a wey o makkin siller, an – as ivver wi sic short-sichtit thinkin – the mair the better.

Nou, oniebuddie that seys they dinnae believe that the Westminster Government jumps tae the biddin o the City o London is eethir a numptie or a leear – an there are monie fowk in Scotland that want tae see the relationship atween Holyrood an the 'financial sector' warkin oot alang the same line, an the acteevities o Embra City Cooncil showes jist hou pernicious sic thinkin is. Ane o the things that takkin back oor kintra cin dae is tae help stop that gangin onie further, fer oor ceevil servants are weel rehearsed in the aw the trappins o supportin rapacious an anti-social development, aye ready tae talk aboot 'positive economic development' that maks siller (fer wha exactly?) mair jobs (bit nivver jist as monie as promissit an generally peyin nae mair nor the legal minimum) an, Help Ma Boab, 'prestigious development'. Utter bluidy tosh. Whit sic lees mean is mair posh places fer the rich tae hing oot in, bein served bi fowk wha's wages (gin no their attitude) clearly mairks them oot as minions.

Ane o the problems we face wi aw this is that far ower monie o oor 'elected representatives' (there are ither weys o describin them) dinnae even need tae be bribed tae act as rinnin dogs o development – aw they need is a wee bit lunch an a hurl in a big car tae stroke their puir wee puffit up senses o theirsels. O aye, an then they'll get their foties in the press an mebbe get on the box biggin up the benefits o siccan rip-affs.

Pastiche suits the suits verra weel – it maks siller – een tho it denies oor actual culture, deprives the veesitor o authentic experience an consigns maist locals that are gien jobs tae little mair nor hand-tae-mooth lives.

Anither problem wi tourism his shown up recently an it's a problem that ither socht-eftir places like New York an Barcelona are fechtin wi forbye. This is the pernicious Air B'nB idea that sees guid faimlie hooses in the centre o cities turnit ower tae short term lettin fer tourists. The sole reason fer this is profit fer them that own siccan property an it is a growein problem. Sic places are unsettlin tae the communities that they are located amang, particklarly wi the notorious hen an stag pairties that city tourist destinations aye attrack. Standard hotels an boardin hooses dinnae jist hae tae pey rates an business taxes, but employ fowk. Nane o this applies tae the Air B'nB model, pairt o the obscene 'gig economy' that his become sae popular amang the rentier class an ither fowk wha think that siller makkin siller is the Holy Grail. An this 'business model' diminishes the hoosin stock available fer local fowk tae bide in, makkin it ivver mair difficult fer yung fowk tae get a place o their ain. But hey, whit's the problem here? Money is bein made. This is somethin that baith national an local government needs tae be addressin, fast. But here in the centre o Embra, as A screive this in a street whaur there a few sic hooses, A'll no be haudin ma breith.

An the haill plethora o whit his become kennt as 'TartanTat' fills up shop eftir shop in tourist areas. An whair is the maist o sic tat made? China, whaur the monied clesses o the West hae been gettin things made fer a guid while nou, fer it maks them mair siller. It disnae hae tae be this wey. In an independent Scotland we cin howp that better models o economic health cin be brocht in, no least as the quaistion o air miles isnae gonnae gang awa, nae maitter whit the accoontants advisin the SNP are tellin us anent Air Passenger Duty.

We're aw peyin the price o ignorin environmental accoontin awready wi climate cheenge. An gin things dinnae improve they'll only get waur. Fer at least the short term, tho, tourism is here tae stay. Whit is needit is mair sma-scale developments that spreid the wealth locally an no mair o the vast internationally fundit excrescences that sae enchant Embra Toun Cooncil, that are designit tae tak money oot o Scotland, no bring it in.

Houanniver, we shuid aw mind that the haill gig economy is affy attractive tae the capitalist. It's a wey o settin up a business whaur effectively ye cin pass on the maist o yer business costs tae yer warkers, wha arenae employees fer the reason that they're aw self-employit. It's an accoontant's dream, an a pretty fair summation o jist whit life will be fer monie fowk in the Brexit Britain, bargain-basement plan o the Westminster Tory pairty. Mind ye, thinkin o London post-Brexit, as hoose prices continue tae soar an wages continue tae plummet, cin they no see there's a bit o a train wreck comin doun the line?

14

The NHS An the Welfare State

IN 2014 IT WIS noted that an affy lot o fowk that voted agin Scotland takkin back its Independence (an its soul?) were o the aulder generation. Monie commentators nattert on aboot hou they were aw feart o losin their pensions an this got an affy lot o fowk on the YES side in a bit o a temper. Did they no ken that their pensions were protectit bi law; did they no ken fowk bidin in Spain that still got their pension; hou did the MSM keep ignorin the fack, etc. etc. Nou, there is a pynt tae aw that, but there wis somethin else gangin on. A'm jist aboot the same age as ane o the greatest achievements o the British state, gin it isnae the single maist daicent an important creation o thon orra baist: the National Health Service. This arose in the eftirmath o the Second Warld War, focht agin a nation that had been usurpit bi the racist demagogues o the Nazi pairty wi the financial assistance o international capital wi its bases in Wall Street and London, an representit anither kind o victory. Fer a great monie fowk, an no jist in the Labour Pairty, wha had finally gotten this great piece o humane an sensible human endeavour intae existence, this wis the culmination o generations o agitation an acteevity tae affset some o the nastier aspecks o the capitalist system.

Socialised medicine isnae the ae-lane thing it his been cawed, but that's a fair description. Ae thing is certain, that the notion o a universal free health service wis, an still is, seen in monie lands as the epitome o a daicent form o governance. Eftir aw, we aw pey taxes, an the norie o uisein publick siller fer publick guid is no that muckle o a stretch, is it? Weel, fer some fowk, like politicians wha sey ae thing in publick an anither tae their pals, it is, an we'll get tae that. Monie fowk alive the day heard stories o hou things were afore the NHS an hou seekness cuid devastate hard-workin, daicent fowk at onie time. An their parents nivver haud back fae tellin them hou lucky they were.

Fer monie fowk nou past sixty the NHS his been a constant reminder o jist hou things cin wark, an, like monie ither fowk, A hae personal experience o jist houguid it cin be, fer masel an ma faimlie. An the experience o ma dochter-in-law bringin ma grand-dochter in tae the warld a few month back wis jist the same. It wis a sign o the British state gettin things richt. It is a British institution, een tho ower the past few year NHS Scotland his mebbe been oot-performin their coonterpairts in England an Wales wha hae been less weel defendit agin the depredations o buccaneerin profiteers, masqueradin alow a flag o 'increased efficiency'. These days, whan onie politician talks o 'increased

efficiency' listen close, fer ye cin be damnt shair they hae spent
far ower muckle time listenin tae accoontants – an unco race o
buddies wha appear tae hae been elevated fae their book-keepin
tasks tae some sort o priesthood in latter-day capitalism.

Argiements will cairry on fer a guid while yet aboot hou best
tae keep the NHS alive an oniebuddie that thinks it his a better
chance o survival in a British raither nor a Scottish state needs
tae think agin. But it's no jist the NHS. Growein up in the '50s
an '60s A saw the improvements that cam aboot in the post-war
years, an bi the '60s the notion that we hid 'never had it so
good' went doun pretty weel wi maist o the population, tho
there were aye some left oot. An the thing wis, that alangside
the NHS there were ither institutions that had made life better
fer the majority o the fowk. The Post Office, the railways, an
the new State Pension set up in 1948 follaein the Beveridge
Report. Afore that, pensions were fer the ower seeventies an
werenae exactly generous.

Oniewey, the sheer luxury o haein free health care an a
pension tae keep ye gaun eftir ye stoppit wark wis somethin
that, richtly, fowk appreciatit. There were ither benefits, like
seek pey an the dole that, fer a whilie, were, if no generous,
sufficient aye tae keep ye fae stairvin. An these things were set
up fer awbody. It's easy fer fowk that nivver kent oniethin else
tae tak sic things fer grantit, bit as we hae seen fae the
behaviour o aw the British political pairties ower the past
twa-three decades, sic things are no secure at aw. Jist as the Post
Office an the railways hae been privatised – the richt ward is
profitised – sae the ootriders o the neocon profiteers o the City
are lookin tae wheech back health an pension proveesion intae
private hauns. That wey the rich get richer bi makkin the puir
puirer – a slam-dunk fer the profiteers. Gin Theresa May his her

wey, the door'll be openit tae the pirates o the City, their American pals an ithers fae abroad (wha are international, no foreign, ye ken) tae pillage the body politic even mair than they hae duin this far. Bit there's an auld proverb we micht cuid dae wi takkin tent o in the face o aw this: *it's an ill wind blaws naebody guid*.

The verra fack that sae mony bastions o whit wis the British state in the period whan mair o its populace were thrivin than at onie time afore – the Pension, the GPO, British Rail, British Steel an ithers – hae been profitised ootricht, or are in the throes o it, is ammunition fer those o us that believe an independent Scotland will be a kintra whaur decency an concern fer yer fellae citizen trumps the greed o the speculator an the avarice o the moneylender. Tae thon end we shuid be remindin aulder fowk that the horrors they heard o fae their ain parents an grandparents aboot pre-NHS times is whit the Tories, o whitivver colour, are plannin fer their grandweans. Votin NO didnae turn hauf o oor population intae bluidthirsty financial vampires or Imperialist arms-dealers, but we hae the richt tae suggest tae them that, gin ye read the runes richt, the miseries o their ain grandparents are bein made ready bi the bankers an ither sic parasites tae be the norm fer the future.

15

Chiels that Winnae Ding

AWA BACK IN the mists o time, the fowk that were bidin in Scotland were cried the Picts. Tae this day there's fowk'll tell ye that they were cried Picts jist because thon wis the nem the Romans gied them, suppositly fer the reason that they tattooit theirsels wi thae braw designs we still see on the Pictish Symbol Stanes, an in a haill raft o grand airtworks inspired bi them. Weel haud on a meenit? There's a puckle o things wrang there. Fer a stairt, whit fer wuid the Romans cry oniebuddie eftir the habit o tattooin. Tattooin his been kennt fer thoosands o years an the truth o the maitter is that monie Roman legionnaires – an they cam fra aw airts (some o the troops on the short-lived Antonine Wa hailit fae Morocco, an gin they nivver kennt the ward dreich they must hae kennt its meanin) – hid tattoos theirsels. The norie that the Picts got their nem fae the Romans

is the upshot o twa things. The first is that the Romans were the
first anes tae write things doun aboot the fowk in Scotland aw
thae years syne – oor ancestors dinnae appear to hae had onie
screivit language back then, tho that didnae mak oniebuddie
stupit, savage or ignorant.

This saicont thing is the unco norie that aw ceevilization had
tae be brocht here – an this comes wi the unsaid but ivver
present hint that aw sic 'improvement' cam thru England. This
wey o pittin things forrit, implies it wis necessar tae drag the
indigenous fowk o Scotland oot o their savagery an barbarism–
no tae mention a load o ither lees – an is biggit up on a simple
fack that his been distortin hou we see oorsels fer centuries –
lang afore the WC wis even thocht o. This is the reality that
Roman ceevilization – an ye micht think that's no the richt
ward tae describe the generally brutal conquest,
dismemberment an subjugation o vast swathes o the ancient
warld – his aye been seen bi the British estaiblishment as the
fount o aw that is guid.

Pairtly this is doon tae the reality that the Christian Kirk fae
early doors wis based in Rome, an some fowk will tell ye it wis
little mair nor the Roman Empire rejiggit, wi bishops takkin the
place o colonial governors. An baith Scotland an England hae
aye claimit tae be Christian kintras. Bit the ither aspeck o it his
nivver been widely unnerstood.

Fer the fack is that England wis pairt o the Roman Empire
fer fower hunner year. It is a period o English historie that
cannae be denied, nor shuid it be, an the officers o the British
Empire stravaigin their ain brutal path across the planet aye
thocht o theirsels as the naitural successors tae Rome. Scotland
wis different. While there is nae doot the Romans did bide up
here fer a whilie in baith the first an saicont centuries eftir

Christ, they nivver actually settled here. Jist as British an
American troops hiv only been able tae gang ootside their
barracks in Afghanistan fully airmit, likewise the Roman
sodgers wuid hae been on patrol onie time they steppit ootside
their forts an mairchin camps. Gin ye doot it, see gin ye kin find
Roman villas or fairms oniewhaur in Scotland. Ye cin look but
ye'll no find. The truth o the maitter is that Scotland nivver wis
pairt o the Roman Empire but oor institutions hae nivver
resistit the English fascination (tae the pynt o obsession?) wi aw
things Roman an, as in sae monie ither weys, hae been jonick
tae tippie-tappie alang ahent the dominant thinkin o 'the British
wey o daein things', nae maitter its relevance tae the actual
historie o the fowk o Scotland.

That this maitters his become gey clear thir past few year.
The major archaeological excavation at the Ness o Brodgar in
Orkney maks it quite plen that the megalithic culture there five
thousan year syne wis as weel forrit as onie ither culture on the
planet at the time, an mebbe even mair sae. This wis afore the
Pyramids and Stonehenge were biggit an showes as plen as ye
like that the notion o us sittin here in oor ain ignorance an filth,
waitin tae be brocht tae a higher level o human existence bi ideas
emanatin fae suddron airts is jist no hou it wis ava. Orkney wis
exportin ideas at the time. An we're needin tae aye mind that
oor ancestors werenae in need o takkin lessons fae oniebuddie.
Wee things like plumbin were biggit intae hooses like Skara
Brae lang, lang afore onie Roman landit on these islands.

A raicent programme fae oor guid pals, the BBC, on the
excavations at the Ness o Brodgar set aff a richt flurry o
acteevity in social media. The lead presenter, a lang-hairit lad
originally fae these pairts wis near dementit in bangin on aboot
hou this wis the first capital o Britain an wis the predecessor o

Stonehenge (which he made gey clear wis much mair important!).
Awbuddie A ken that watchit the programme nivver heard the
puir wee laddie mention Scotland aince. Nou, this pushin o the
norie that this wis some kind o capital o Britain is utter keich
– there wis naethin approximatin the notion o a nation state fer
thousans o years eftir the place wis flourishin, bit that wis nae
maitter tae the story bein tellt. Archeologists fae monie airts hae
respondit tae this blatant ettle at manipulatin the past tae fit a
Unionist agenda fer the simple reason that it wis factually
wrang. Bit ye see that's been the problem wi 'British' historie fer
a lang lang time, as A pyntit oot in *Scotland's Future History*.
Aw historie his an aspect o propaganda, but the British wey o
skewin the realities o the past his a lang an derk historie itsel an
ye micht think that it his providit a model fer the new US-led
notion o 'alternative facts' sae enthusiastically walcumed bi the
Trumpties. Whit thon really means is oneithin ye disagree wi is
bi definition wrang. An thon's a notion that suits madmen an
megalomaniacs baith.

Gin we want tae hae a guid future fer oor comin
generations, it's time we saw the past fer whit it wis, an stoppit
listenin tae thaim that seem tae hae but ae single thocht – tae try
an tell us we hae aye been ower puir, ower wee, an ower stupit.

16

A Fire o Freedom

A WEE BIT RECENT historie: in *Scotland's Future History 2*, A mentionit the vigil for a Scottish Pairliament that ran fer five year ower the road fae St Andrew's Hoose, the hame o the 'Scottish Office' on Regent Road in Embra. Here A want tae tell ye mair aboot it as it seems tae me tae be warth mindin fer the wey it brocht sae monie fowk o differin opeenions an political stances thegither. Jist as awboady warkin fer Independence the-day isnae a member o the SNP – an A'm no, nivver wis an nivver will be – sae the fowk at the Vigil werenae aw oot fer Independence, een gin a wheen o us were. The Vigil wis set up tae address Scotland's democratic deficit, the bleck-affrontin an cynical diregaird fer oor kintra's clear electoral choices, that bi nou, eftir the 1994 General Election, wis plen fer aw tae see. An een tho, twa decades later, we hae oor Parlie nou, whit is

happenin the-day wi the arrogance an stupidity o the
Westminster elite anent Europe his shown us clearly that even
wi the Parlie we still hae a fell democratic deficit, ane that cin
only be sortit bi takkin back oor independent status as a nation
state. An we need tae pynt oot that deficit in particklar tae fowk
that fell fer the lees, distortions an fause promises o the
mainstream poleetical pairties durin the 2014 referendum
campaign. On 24 January 2017, the rulin o the Supreme Court
– its verra name showes the thinkin amang the conservative
estaiblishment, bein weel kennt ower the Duck Pond but haein
nae historie in these islands – showed plenly hou the Sewel
Convention regairdin the Scottish Pairliament his nae pouer in
law in this supposed Union o equals; fer it isnae a Union ava
whan ae pairtner his nae choice but tae dae the will o the ither
– yon's the the verra defineetion o an abusive marriage.

But back tae the days afore the Vigil. On 11 April 1992,
whan the Tories were returnit tae pouer yet again, there wis
muckle dissatisfaction felt the lenth an braidth o Scotland.
Although the pairty in Scotland hid still managed tae return
11 MPs, this still coontit fer less nor a fifth o the available seats
an maist fowk wantit rid o them. The political system wis
warkin direckly agin the wishes o the fowk o Scotland, the
supposit 'equal pairtners' in the United Kingdom. On the nicht
o 11 April, a remerkable illustration o the deep-seatit
dissatisfaction wi the wey the poleetical system wis warkin in
Scotland took place. A group o anti-nuclear protesters fae
Caithness decided tae mak their ain protest, a torchlicht rally an
weekend vigil across fae St Andrew's Hoose. The ward went
roun in Embra that they were comin tae protest fer the haill
weekend an that support wis wantit. Atween twa an three
hunner fowk turnit up fae anti-poll tax groups, the Green

Pairty, the Liberal Democrats, an a wheen o committit individuals. They had aw been contackit thru phone-trees, leets o phone nummers o sympathisers o differin campaigns. Back in thae days mobile phones were jist aboot as rare as hen's teeth.

As the crowds forgaitherit, there were monie strang wards an raised vyces that showit the depth o feelin o the protesters an, above aw, a braid realisation that Scotland's vyce wis being ignored – agin – seein as hou we were aye haein policies we detestit, an hadna voted fer, foistit on us. There wis much talk o the glaikit seetuation existin whaur the political system actit gin the English Pairliament had absorbit the Scottish Pairliament in 1707 – a historical lee, but a handy ane fer the politicians.

Discussion wis intense an it wisnae lang afore a buzz wis gaun aroun the crowd that the vigil shuidnae jist be fer the weekend but shuid bide on till a Scottish Pairliament wis brocht back! Like monie ideas at the Vigil, this came frae twa-three diffrent fowk at aboot the same time. Bi the licht o flickerin torches the enthusiasm fer the idea biggit up, an athin a few hours the Vigil fer a Scottish Pairliament wis born. A week or sae later ither groups were formin an enterin the fray, but bi thon time the Vigil wis awready set up. Early discussions wi the ivver-helpfu local polis soon had the pavement opposite St Andrew's Hoose (kennt vigilly as the Colonial Office), in the neuk ootside the yetts o the Royal High School, designated as the offeecial Vigil site, an rotas o volunteers were set up tae mak siccar there wis aye at least ae vigilateer onsite, 24 hoors a day, seeven days a week, in thae heady early days. Ye cuid sign up fer ae single shift, twa hoors or mair, bi pittin yer name in the Vigil Book.

In the early days, afore we got oorsels a Portakabin (peyit fer bi Glescae chanter Pat Kane), fowk were sleepin on the side o street ootside the yetts o the Royal High School – at thon time still the preferrit hame fer a Scottish Pairliament – an as the reaction tae the election gied birth tae ither bigger groups like Common Cause an the ower short-lived Scotland United, the Vigil wis the focus o monie protests an meetins. Fae the aff there wis resistance tae the idea o the Vigil gettin dominated bi onie pairty-poleetical organisation. The dominant idea wis that, seein as democracy means awbody haein a vote, aw decisions shuid be made aroun the Vigil fire. Awbuddie an oniebuddie there at the time (i.e. them that were keepin the haill thing gaun) wuid hae their sey. Houanivver, the commitment o the Vigil tae decide awthin bi consensus wis testit early doors as some o the mair experienced 'political activists' tried tae create a pairty structure fer Democracy for Scotland, the nem we had voted tae tak on. It wis guid that the commitment tae consensus deceesion makkin wan oot an made siccar that DFS (Democracy For Scotland) nivver became a 'real' political pairty. Eftir aw, the party-zanship o Scottish politics showes itsel een the-day as an evil blight on the body politic. Jist listen in tae the greetin-faced whinin at First Minister's Quaistions! As A seyed, Am no a member o the SNP but the relentless misery o the attacks fae the mainstream (a.k.a. British) political pairties at the Government wuid gar ye grue! At a time whan Scotland faces a truly terrifyin future at the hauns o neo-con ideologues and racist demagogues ye micht think they cuid tak tent o the auld seyin, gin ye cannae help dinnae hinder. But that's jist no the wey o it fer Labour, the Lib-Dems or the Tories.

Oniewey, at the Vigil, haun in haun wi the idea o consensus deceesion makkin, there wis a sense o fun, an no because it wis aw yung fowk roun the fire. The Vigil aye attractit a braid spectrum, no jist o poleetical opinion but o age an backgrund tae. Unemployed labourers an university lecturers, nurses an social warkers, waitresses an hotel porters, bus-drivers an hoose-builders – the Vigil wis a real reflection o the fou disparate mak-up o Scottish society.

In order tae publicise the cause, a haill reenge o events wis staged ower the five year, includin open-air concerts on Calton Hill (that hunkers up abune Regent Road at the east end o Princes Street), music gigs at the Vigil site itsel, fundraisers, an a Pavement Pairty in the first year timed tae coincide wi the Royal Garden Party at Holyrood, tho the ae-lane Royalist A cin mind o meetin at the Vigil wis a Bavarian mannie that wantit tae see the Bavarian Royal Faimlie re-establishit an thocht that the Vigil wis a Jacobite venture. He soon saw the error o his thinkin an left. Mind ye, it wis mebbe whan he came alang that the seed o the idea o Jacobite Republicanism wis sown.

Fae the stairt, there wis much interest fae the foreign media an some o the English media. Only in Scotland did media fowk seem tae be feart o whit the Vigil meant. Or mebbe they were that tied up in their involvement wi the main political pairties that they jist cuidnae fathom whit it wis aboot?

It wisnae jist the Scottish media that werenae shair hou tae deal wi the Vigil. The Democracy mairch o 12/12/92, representin a braid swatch o organisations, wis strongly supportit bi vigilateers wha had daen muckle tae help organise it, but on the day we fund oorsels excluded fae the platform in Edinburgh's Meadows park whaur the mairch endit. This wisnae the only time this happenit. The deid haun o political pairty influence made shair that whit they cuidnae control they wuid try an suppress. This wis a sad reflection on the state o Scottish politics at the time. The Vigil wis kept gaun an supportit bi fowk o aw political pairties an persuasions, an nane, but because it wuidnae conform tae ithers' rules it wis seen as a threat. The extent o support wis remarkable. Ae day, daein ma shift, a brand new Mercedes drew up an a weel-dressed wifie – aye, she had blue-rinsed hair, an wis wearin a twa-piece tweed ootfit – got oot an came ower tae the Portakabin. 'I am a lifelong Tory voter, but I think you are absolutely right that the democratic wishes of the Scottish people are not well served by the current arrangement. I think your group is doing a remarkable job and I wish you every success.' Syne she pit a twenty pund note in the Vigil collectin tin an drove aff. Twenty pund in 1992 wis a fair donation indeed.

Tae mairk the first anniversary o the Vigil, Democracy mairches cam in fae the fower pynts o the compass tae meet at Regent Road an raise a cairn tae Democracy on the tap o Calton Hill, wi the walcum support o the then Labour Lothian Cooncil. The mairchers, a haunfu that grew tae a sma crowd as they cam near the capital, fund support an freendship ilka place they went. This wis exackly the same responses as the mini-vigils got that tourit Scotland ower the neist few years. Fer that is the ither thing about the Vigil: it survived on the generosity o the ordinar fowk o Scotland. Shair, there were T-shirts an posters an badges, but maist o the siller cam fae the collectin tins. Jist as fae the verra stairt the widd tae keep the Vigil fire burnin wis deliverit as donations in kind bi a haill host o freends an weel-wishers. Builders, jyners, DIY enthusiasts, an gairdeners – aw sorts – turnit up tae help feed the fire, some time an again, ithers jist aince, tae mak their contribution – a contribution that aye made the fowk at the Vigil feel prood.

Ower the next five year a haill reenge o ordinar an extraordinar fowk came an 'did a shift' at the Vigil on Regent Road, a loose combination o fowk that had turnit their back on pairty politics. Yon included weel-kent figures like Hamish Henderson an George Wyllie wha baith got involved wi the widespread cultural activities at the Vigil; ithers like Dougie MacLean, Pat Kane, Willie McIlvanney, Neil Ascherson an Canon Kenyon Wright gied thir support at vital times. Ae day Alex Salmond turnit up tae dae a shift an wis a bit taen aback whan he wis left on his ain tae look eftir the Vigil fire. The activities includit a reenge o concerts an meetins on Calton Hill. Impromptu poetry readins, music sessions an historie lectures regularly took place 'roun the fire', forbye, reflectin a cheengin cultural ambience in Scotland that shairly his had its effeck on the development o Scottish politics in the 21st century.

Famous an no sae famous airtists creatit sculptures an banners, posters an artwork, muckle o it wi a humorous bent, an monie musicians an bands playit fer free at Vigil gatherins an ceilidhs.

A've no mentionit monie o these grand fowk bi name, fer A believe that ivvery ane that gied a haun wis jist as important as ivvery ither.

Ane or twa fowk pit in remerkable oors at the Vigil thro vicious winter months, ithers tirelessly kept up the necessary logistic support, an yet ithers came aince fer a few oors an made their contribution, as did sae monie mair simply bi pittin their hauns in their pooches. The personnel cheenged ower the years; maist o ma contribution in time spent at the fire wis in the first twa years, though A aye tried tae keep up some level o commitment, an sittin on yer lane bi a stinky fire thru aw the variants that oor splendiferous Scottish weather cin fling at ye wisnae a lot o fun fer maist o the time. Some fowk pit that muckle effort intae the Vigil that they burnt theirsels oot. Ithers fund love an left tae bigg new lives. There's several Vigil bairns (that's weans fer aw ye tae the wast) aroun Scotland these days wi bairns o their ain.

It wisnae aw plen sailin. There were times whan the Vigil seemit aboot tae be swampit bi richt dodgy characters, an times whan siller, or widd, wis rinnin affy short, an it cuid get gey coorse sittin bi yon reekin, smelly oil-drum fire on dreich midwinter days. But lookin back, A feel great pride that A had the preevilege o warkin wi sae monie fowk – an a guid few o them are nae langer wi us – o monie poleetical opinions that cuid come thegither an wark thro consensus tae mak a magnificent contribution on the road tae whit we aw howp is nou jist aroun the corner – Democracy for Scotland. Vigilateers, ye ken wha ye are, A salute ye aw.

Postscript

A mentionit the fack that the Vigil wis kept aff various platforms at demonstrations, an in a wey, lookin back, this wis a harbinger o things tae come. The organisers o the events whaur we werenae allouit tae speak were Scotland United, a group formit bi the Labour Pairty that hid branches in monie airts o Scotland. There were a lot o fowk fae thae different branches that pit in shifts at the Vigil but realised that whitivver the Vigil wis, it wisnae a large-scale political movement. Fer that they had jyned the Labour Pairty's organisation that supportit the push fer a Scottish Pairliament. Or sae they thocht. Fer, eftir pouin in fowk fae aw ower Scotland, the twa lads that ran Scotland United (the twa Gordons they were cried) resignit on the same day, echtteen month eftir settin it up, an the hail jing-bang came crashin doun. Baith thae lads were warkin in the office o a Scottish Labour MP. His name? George

Galloway. Kennt as a real scourge o the estaiblishment? Aye richt! We ken nou the deidlie haud that Unionism his had on the structure o the Labour Pairty in Scotland, tho thankfully no on aw its members, but back then this cam as a richt shock tae monie fowk.

The Vigil kept on till we kennt there wis gaun tae be a new Parlie fer Scotland. It wis twa-three year eftir, at a wee re-union, that we mebbe saw jist whit we had managed tae dae. Back in the early 1990s, the newspapers were in a race tae the bottom, an the malign influence o Rupert Murdoch had a lot tae dae wi it. Stories wuidnae get prentit unless they had picturs tae gang wi them. Sae it cam aboot whanivver Devolution wis in the news, an the editors o the MSM wantit a pictur, they cuid aye jist send a photographer alang tae the Vigil, fer we were aye there gangin nae place. Sae it wis that, time eftir time, we provided a fotie opportunite tae help keep the problems o the democratic deficit in the publick ee. It wis a Setterday nicht we discussit thon, an the follaein mornin there wis a pictur o the Vigil cabin on the back page o the *Sunday Times*, alang wi an airticle notin the fack that maist o the pavement whaur the Vigil Portakabin sat hid disappearit as pairt o a road-widenin exercise. An the paper – richtly or no – reckonit this wis the then Scottish Secretary, ane Donald Dewar, gettin his ain back on thae uppity buggers o the Vigil that jist didnae ken their place! Petty, vindictive behaviour. Nou, that wuidnae be the Scottish Labour Pairty, wuid it?

17

The Brexit Bourach

MUCKLE DISCUSSION is bein heard aboot whit exactly brocht aboot Brexit. Weel, the fack that swathes o aince loyal Labour voters in England turnit on the main pairties' patronisin indifference tae their seetuations shuidnae hae been onie surprise. The bourgeios managerialism o Blair an his unprincipled cronies in the 1990s his made siccar that there wuid be nae alternate policy pit forrit tae compete agin the rampant free-mairket ideas o the Tories. The reality that fowk saw wis that their lifestyles, an even their verra survival, hid been sacrificed bi politicians wha micht sey somethin aboot the necessity tae tackle poverty an problems o national infrastructure but wuid aye dae jist whit the banks an big corporations tellt them – tho we maun nivver-ivver forget that thae banks an big corporations are ownit bi individual human beins that haud the rest o humanity in utter contempt an believe we're aw here jist tae serve them. Gin ye doot this, jist ask yersel: whit is the maist profitable business on the planet – it's the airms trade. An check tae see hou monie wars are takkin place as we speak in places far awa fae whaur the rich like tae sport an play, wars usually stairtit in ae wey or anither bi politicians daein the dirty wark fer the rich share-owners o the airms companies?

Houanivver, it wisnae jist scunner wi the poleetical estaiblishment that brocht aboot this seetuation. Due tae a level o exposure fae the VoW, that wis clearly pairt o some concertit plan. The peculiar Nigel Farage, wha aye minds me o Tony Hancock's comic persona fer some reason – pretentiousness? ignorance? self-obsession? – steerit up some derk feelins amang voters. Gien that we'd had a Home Secretary (Saint Theresa May) sendin oot traivellin billboards threatenin fowk wi deportation in a seekenin echo o Nazi Germany, wi the fervent support o the usual suspecks in the MSM wha hae nivver acceptit the norie o multi-culturalism, an racism wis unleasht. An sae the debate became aw aboot immigration. Houanivver, this time the immigration that fowk seemt tae be feart o wisnae jist broun, bleck an yellae skinnit fowk descendin on these hallowit shores, bit aw kinds o fowk fae diffrent pairts o Europe. The story o immigrants comin here tae scrounge benefits wis jist a deliberate lee, fer aw the evidence tells the direck opposite, seein as the vast majority o immigrants are net contreebutors tae the tax system. The norie that this wis the faut o the European Union hid nivver ae single shred o evidence tae back it up. Yet it did its wark, an the Bullingdon heid-bangers – includin the VoW's David Dimbleby – unleashit the baist.

The thing is that, tho this brocht oot a clear level o xenophobia amang the population at lairge (includin here in Scotland), this itsel his been biggit up on government actions. A ken this lass in her thirties that got mairriet tae an American airtist jist a wee whilie ago, an tho she's fae England an he wis warkin here, he his been deportit. The reason? Een tho he wisnae on benefits, neethir o them made eneugh siller tae justify him bidin here. Bein an airtist, like maist o 'his sort', he didnae mak eneugh money bi the standarts set doun bi oor Government, an she, bein likewise 'a creative', didnae mak up the differ fer the baith o them, an sae he cuidna bide. Baith were warkin an neethir wis 'scroungers', bit on the say-so o the entitlement-driven, faceless nyaffs in Whitehall – be they politicos or ceevil servants maitters nane – it his been decreeit that gin ye dinnae mak a set amoont o siller, ye hae nae richt tae bide in these islands, whither or no yer spouse is a native o the place, an even whan the haill island – an particklarly Scotland – is increasinly short o yung fowk warkin tae pey taxes. An ma pal his nae sey in hou suin she cin get tae see her man, fer puir fowk arenae God's bairns the wey the Oxbridge crew are. Nou, ye cin be ane o them nae maitter the colour o yer skin, but God help ye gin ye dinnae hae the siller they deem necessar.

But gin ye hae rowth o siller, ye'll be walcumit in wi open airms, an it disnae maitter a whit tae the British Estaiblishment hou ye got it. The London hoose-price bubble that is wrackin the economy an keepin yung fowk fae haein a secure roof ower their heids is – as the MSM nivver mention – kept goin bi oligarchs that some micht think o as gangsters, drugs an airms dealers an despots fae aw ower the globe.

Fer I dout there is, at the bleck hairt o the British Estaiblishment, a worship o siller that is a peetiable attempt tae

get ower the loss o Empire. The public-schuil Oxbridge types
that divvy up the walth o the nation fae generation tae
generation ken fine that their beloved Empire is nae mair, an
they seek tae convince theirsels that they still are wha they think
they ivver hae been, an they'll sook up tae oniebuddie wi eethir
pouer or siller, that helps them keep thinkin thon wey.

In Foreign Affairs, this his meant daein whitivver the
Imperial Mejesty o the US decrees – but hey, that mainly leads
tae a war or twa, an makkin bullets an shells tae keep the guns
gaun his lang been ane o the chosen weys o makkin siller fer the
City o London. Tak a wee look aroun the warld; near ilka place
that wis pairt o the great British Empire, apairt fae the lands
that were settled bi white Brits, his been a mairket fer their guns
an bombs, an thon's no accidental. Get fowk fechtin amang
theirsels an sell aw sides weapons – thon's the British wey. Even
if there's ithers that are as bad nou, we ken fine whaur it stairtit.
Jist tak a wee keek at the histories o thae lands that were aince
pairt o the British empire syne they got liberated. An the ither
international pouer they are mad keen on is Saudi Arabia, hame
tae maist o the 9/11 bombers an weel kennt fer exportin a
fanatical an intolerant brand o Islam cried Wahabbism. Bit hou
cin that maitter whan they buy sae muckle fae the airms
companies o Britain? An nae heed is ivver tae be peyit tae the
ongaun corruption at the hairt o sae monie deals wi the Hoose
o Saud, or tae the flagrant uise o British weaponry agin civilians
in the war in Yemen an elsewhaur. Profit is profit.

Nou, no awbuddie in England is racist, but A hae nae doot
that amang *Daily Mail* an *Telegraph* readers the opinions o
Farage hae fund a ready acceptance. A ken it's anecdotal, bit a
laddie A met fae Australia askit me ae time doun in London,
'D'ye know why every other bugger can't stand the English?'

A askit him hou he thocht that wis. He seyed, 'It's simple mate, it's because they can't stand every other bugger.' Nou this is patently no true – awbody in England isnae pentit wi the same brush – but there's a feck o fowk the description fits. There's plenty o English fowk as humane an concernit wi the richts o human beins as onie o us an resistance tae richt-wing extremism his lang been a pairt o English culture. Bit the mainstream media reflecks an affie narrie band o English thinkin an tae cry it xenophobic isnae wrang. Jist think o the latest terminology fer us – 'Sweaties', fae 'Sweaty socks = Jocks' which is aboot on the same level as the anti-Irish 'Shovels'. We are aw a bunch o drucken, feckless scroungers tae thon wey o thinkin. An then think on whit they say anent the French an Germans.

Sic blatant, an daily-day, racism in the media is commonplace doon sooth an the perpetrators see naethin wrang wi it – eftir aw shuid we no be gratefu jist fer haein been born in proximity tae the greatest nation that his ivver existit. Aye, richt. Sic casual racism is standart fare when they hae tae mention Germans, French, Spaniards, Italians or jist aboot oniebody else –it is warth notin that some o them want tae exclude Poles fae their wish-list o bannit immigrants – eftir aw they ken hou hard-warkin, an reasonably priced Polish craftsmen hae turnit oot tae be. The thing is that sic insultin attitudes taewards us, an awbody else is naethin new – gin ye want tae check it oot jist tak a keek at Wikipedia – '18th century anti-Scottish cartoons' is a guid place tae stairt.

The truth o the maitter is that an affy lot o English fowk actually dae think that we are the subsidy junkies we're pentit as an believe we were brocht intae the Union fer oor ain guid – us no kennin whit wis best fer oorsels, bein savages. The constant repetition o the lee that Scotland is an economic

basket case feeds direckly intae this notion, an the truth o the
maitter is that there are still a lot o Scots wha eethir div, or want
tae, believe thon; 'Wha wuid be a traitor knave,/ Wha sae base
as be a slave?' indeed. An that lot – A hae referrit tae them as
McEnglish afore nou – maistly think this wey because they
jalouse that it's tae their ain economic, or mebbe social, benefit.
They suffer fae the same narrae mindset as maist o the English
upper-classes an their supporters – but they dinnae see that they
are theirsels no pairt o the Inner Sanctum.

Ye see the nobs o England (an their Scottish coonterpairts)
dinnae hate awbody. As A've jist seyed, they theirsels, it seems,
cannae get eneugh o twa different sets o fowk – the Yanks an
the Saudi Arabians. The grue-inducin sicht o Nigel Farage
grinnin fit tae bust wi The Donald is jist the latest manifestation
o the psycophancy o the British governin cless taewards
America. The last time A cin mind onie British politician no
actin like a lapdog tae the Yanks wis Harold Wilson refusin tae
send British troops tae Vietnam back in the '60s. Nou thon wis
a statement. Eer since, the lickspittle behaviour o successive
British governments his been sic a central pairt o their
behaviour that it rarely if ivver gets a mention in the
mainstream media. Houannivver, it's no jist the Yanks. Britain
cannae dae eneugh tae support the murderous regime in Saudi
Arabia. Sellin them weapons wheneer they ask is ae thing – the
City o London maun mak its profits, neer mind hou monie
bairns get killt, an we shuid neer forget that thae profits end up
in the bank accounts o named individuals – but supplyin them
wi intelligence data is anither. This is the regime that apairt fae
murderin its ain fowk gin they blink the wrang wey, is
supportin a haill reenge o fanatic religious nutters aroun the
warld. An is it no jist a wee bit odd that the Yanks hae nivver

made that muckle o the fack that the maist o the hijackers on 9/11 were Saudi nationals?

Conspiracy theory is ae thing, bit keepin yer wits aboot ye lets ye see things that the mainstream media are 'encouraged' tae hide. At the hairt o this erse-lickin approach tae the USA an Saudi Arabia is a complicatit mess o aspirations an dreams. In their hairts the British Estaiblishment ken fine their Empire that lootit an raped across the haill globe fer hunners o years is deid, sae they hing on tae the coat-tails o the biggest Empire currently in existence, baskin in whit they see as reflectit glory.

Weel, whit reflectit glory there is in murderin weemin an bairns, owerthrowin onie government they dinnae like, an destroyin haill swathes o oor planet, is ayont ma understandin. Bit the remnants o Empire Loyalism rin deep. As fer the Saudis… weel, jist as the Yanks represent their lost pouer, sae the Hoose o Saud represents siller, big time. London is the warld's money-launderin capital simply fer the reason that the British wey o thinkin is biggit on an obsession wi siller. The City o London shair fits the bill as a Temple o Mammon.

Bit it'll aw be aw richt in the end. Did yon Theresa May no tell awbuddie that they're tae hae a red, white an blue Brexit? An ye cannae argie wi the Union Jack an aw it represents, cin ye?

Cin ye no?

A Merry-Go-Roun o Inefficiency or Corruption?

ANE O THE THINGS historians like tae say defines a nation is that it his an airmy, an – gin it his a coastline – a navy, an an airforce. Siccan institutions are kennt as the airmit sairvices, an politicians are aye bangin on aboot hou we need tae support them. In British terms, this means playin tae the dementit fantasie o yet bein a 'warld-player', 'punchin abune oor wecht', due tae a supposedly glorious imperial past. An, as we are seein yet agin, this cin lead tae truly boak-inducin subservience tae the United States o America nae maitter whit bampot they hae as their Commander-in-Chief. The dementia that this induces in whit are supposedly wyce-like fowk is jaw-drappin, as cin be clearly seen bi the desperate hingin ontae a missile system –

Trident – that nae jist cannae be uised athoot express Yankee permission but, as we hae seen, in spite o the Prime Minister's attempts tae hoodwink baith people an Pairliament, disnae even aye wark. It wuid be hilarious gin it werenae sae gut-wrenchinly terrifeein.

Nou, the haill notion o supportin 'our boys' that pleys sic a pairt in the havers o the MSM is in itsel little mair nor a con. Pit tae ae side the fack that oor prisons are fu o lads wha hae served in Great Britain's orra military adventures ower the past few decades: lads whan in uniform that are the heroes o the MSM, bit sune as they are oot o uniform an wrackit wi PTMSD or addictions their service his brocht aboot, are ignored. It wid be warth checkin jist hou monie o the officer class are in the same boat, d'ye think? Bit let's look insteid at the support 'oor Forces' need an get.

Jist eftir the turn o the year (2017) ane o the MSM, the *Sunday Times*, nae less, ran an expose on jist hou muckle siller is bein wasted bi the Ministry o Defence. Here's a few examples: a drone airplane fer surveillance purposes that's six year late awready an his cost £1.2 billion this far, an wis originally costit at £700 million; the design o a new Type 26 destroyer that his been cheenged that muckle that the original budget his been shatterit, resultin in there nou bein an order fer echt insteid o thirteen; anither new destroyer, the Type 45, designit tae support aircraft carriers (that they hinnae got the richt planes fer) an his engines that shut doun in warm seas; an they hae a new tank on order that's ower big fer the planes that are supposed tae transport it! Ah, the efficiency o the mairket place. An that's afore we tak a look at the Tories' favourite symbol o the ongaun stature o the United Kingdom amang the nations o the warld (they think) – Trident.

We hae heard recently that there's a wee bit problem makkin it gang whaur it's aimed at – a wee impediment fer a guided missile, ye micht think. Bit that's no the hauf o it. The new submarine fer cairryin this scunner aroun the warld is that noisy that experts say it cin be heard bi enemy submarines a hunner mile awa. That's richt, in the age o high-tech military sophistication, a brand-new submarine that isnae even operational yet cin be spottit frae a hunner mile awa.

Nou, sic bluidy nonsense his been the wey o it fer years. The top brass an politicians clearly believe that aw they hae tae say is 'national security' an they cin spend whiteer they like. The Great British Pairliament nivver dis oniethin tae really quaistion this farrago o incompetence, neer mind pit an end til it, but ye hae tae mind that the shares in the companies rinnin ower budget tae mak even bigger profits are held bi human beins. Wuid it no be a walcum bit o democratic transparency fer the shareholders o this obscenely profitable dance o daith tae be made publick? Aye richt, that'll happen. Whan the generals an admirals leave the forces tae sit on the boards o yon corporations, tae help them continue their bloodsuckin o the nation's finances, wha div they find sittin there awready but retired politicians, neer mind gin they had shares or no afore then.

An aw the siller, forbye, comes fae taxes peyit by us. An wha's takkin tent o it? Naebuddie. Or naebuddie A cin see whan siccan things are alloued tae happen *aw the time*. Or is it jist that yon's the wey things are jist supposed tae happen in oor United Kingdom? Mak up yer ain mind.

Nou, as noted, there's naethin new happenin here at aw. This type o thing his been goin on fer years. In fack, A'd gae sae far as tae say that, fer the fowk that are makkin the fell scunnersome amoonts o siller that the arms business attracks, it *is* jist the wey the system is supposed tae wark. There's nae austerity there. The retired sodgers that sit on the board o BAE, an ivvery ither company that maks its profits aff o exportin death – fer that's whit they are daein – we cin hae little dout will aye be warkin haun in glove wi the ceevil servants at the MOD. The fack that sae monie fowk in Government, the airmed forces, the airms industry, an the banks that ease their wey, aw went tae the ae-same schuils is, agin, naethin new. Nou, the arms trade is the best kind o business there is fae a specifickly capitalist pynt o view, as, gin aw ye care aboot is profit, ilka time ye cin supply an airmy at war they sune uise up whit ye sell them an hae tae come back fer mair. The wars that are seethin aw across the globe arenae jist aboot the West wantin tae tak control o the naitral resources o ither puirer kintras, but are aboot the gigantic profits tae be made in the process itsel. An this trade gets aw kins o support fae the government. Onie time oniebuddie seeks tae say somethin aboot it, the political pairties, fae aw corners o the gey limitit British political spectrum, will stand up an shout aboot aw the joabs that the trade supports. Bairns gettin killit? Haill cities an the environment gettin tore apairt? The economies o haill regions gettin wrackit an riven? Nane o this maitters whan ye hae aw thae joabs tae proteck.

An there is the real nub o it – the big lee – that joabs hae tae be protectit. Naw, naw, whit is tae be protectit is the system that allous a boak-makkin amoont o siller tae be made, bi damn few fowk, forbye, an at publick expense. Bringin in contracks years late or allouin senior officers tae aye be cheengin specifications is aw part o this seek gemme. Fer that is whit it is tae the fowk at the hairt o it: a gemme that maks them richer an richer een as austerity is the medicine fer aw them no born intae preeveilige an entitlement. The raicent *Sunday Times* airticle acts as if this is aw a great scandal, whan onie journalist o real integrity wuid tell ye that this is the wey the system is set up tae wark.

Tae return tae the casualties at hame (nivver mind the untellt thoosans killt bi the war export business), a great monie o the lads that pit their lives on the line nou cannae face a day athoot the support o drink an drugs. An mair nor a puckle o them come fae faimilies wha tak a pride haein provided generations o sodgers an ither servicemen an, nae maitter whit some fowk micht think o them, the fack is that, due tae the twistit supply system rin bi the MOD, monie sic faimlies find theirsels haein tae buy the richt kit fer their sons an dochters on the frontline. In spite o aw the billions doled oot on the generals' fantasies, they cannae even keep the troops on the grund supplied wi the basic tools o the trade. An ye cannae deny the price that's paid, bi them, while the fowk at the tap o the tree jist growe ivver mair bloatit fae the spillin o innocent bluid across the warld.

In the new Scotland we willnae hae onie o the dementit lust fer past Empire that fuels yon twistit process, but we will need tae tak tent o the fack that exportin airms only warks whan ye hae been exportin war. Hou monie kintras that were pairt o the Empire, ither nor them whaur the feck o the population is white (tho the first peoples werenae) hae been riven bi war, an hou monie o them got the tools fer it fae companies that oor British government haud up as exemplars o capitalist performance?

Tae the fowk makkin the siller, it maitters no a jot whit nummer o bairns dees; it maitters nae a whit gin aw the fancy new kit comes in late an weel ower price: the merry-go-roun o profiteerin keeps on its merry wey. This is the British wey.

Sae, cin ye imagine a land whaur aw the resources pit in tae makkin tools tae kill were devoted tae makkin things that micht help baith the people an the planet?

A cin.

19

A New Warld Waits

IN THE RUN-UP tae the Independence referendum in September 2014, me an ma guid freend Donald Smith took a few tours roun the centre o Embra. The tours were cried 'Scotland's Democracy Trail' an were based on a wee book o the same nem we had screived. (The tours still happen fae time tae time, but we dinnae lead them ony mair – ye cin find the details at http://www.greenyondertours.com/tours/democracytrail.html).

On the tour we tellt fowk aboot sic auld Scottish ideas as the Common Weal, the contrack atween Kings an people, an the role o sic-like figures as George Buchanan or John Knox in bringin forrit the ideas that, in the modren warld, hae been unnerstood as central tae the development o the notion o human richts. It is weel kennt ower aw the warld (exceptin England an mebbe Scotland itsel) that Scotland's place in this process is a lang an honourable ane, an maist fowk on the tours were fae far-flung places, includin China, North America, South America, the Antipodes, an a wheen o places oot-thru Europe. Time an agin that week we were tellt the same story: that fowk aw across the warld were lookin tae Scotland tae showe the wey that ae state cuid pairt fae anither withoot a drap o bluid bein spilt. Nou, we're aw still haein tae deal wi the hairtseek disappyntment o the result o the 2014 Independence Referendum, an gin ye dinnae ken the role o deceit, doonricht lees an scaremongerin that wis the Unionists' battle plan, ye eethir had yer heid in a bucket or ye willnae face up tae reality. Ye cin be fer the Union – awbuddie his a richt tae think fer theirsels – but tae deny that the British political system an the media *en masse*, actit wi a dreadfu sleekitness is tae ignore reality. Mebbe ye think that the end justifies the means, an that hingin on tae the erse-end o a system o governance that still wants tae pretend it's an Empire means it's warth pittin up wi sic sleekitness? Gin ye dae – jist admit it.

Ane o the biggest lees, an it's been gettin tellt fer centuries, is that Scotland cannae staun on its lane financially. Time an time agin we are tellt that, per capita, Scotland gets mair fae Westminster than onie ither pairt o the United Kingdom. Gien oor scattert population an particklar geography, it's hairdly onie wunner that mair siller wuid get spent per heid here than in ither airts o the British state. An then there's the problems o multiple deprivation, tho ye micht think tae ask yersel hou things cin be sae bad fer sae monie o oor ain fowk in a political arrangement that his been supposedly warkin tae oor benefit fer ower three-hunner year, an whaur we are sae traisured an respeckit. Let's jist think on whit is bein seyed here: Scotland gets money fae the rest o the people that pey taxes as pairt o the British state.

Weel, the Government figures cried GERS shair mak it look like this micht be the case. But there's an affy lot o fowk in Scotland wha willnae trust oniethin that's seyed by Westminster, an A'm ane o them. Sae, leavin aside aw argiements aboot statistics, ask yersel this: hou, whan the MSM are aye screamin at us that we're naethin but a bunch o deep-fried Mars-bar eatin, kilt-wearin, subsidy junkies, wuid they want tae keep us as pairt o their glorious nation? It's a simple quaistion. If we are siccan a financial strain on Westminster, hou in the nem o some big hoose dae they want us tae cairry on as pairt o the United Kingdom? Pit tae ae side the fack that we hae a phenomenally resource-rich physical environment – coal, oil, whisky, fishin – an the potential tae lead the warld in alternative energy development, or hae a thrivin tourism sector, gin we are still ower wee, ower stupit an ower puir tae staun alane, why wuid the British State, busy divestin itsel o its greatest ivver contribution tae human happiness, the NHS, as it 'costs ower muckle', want tae keep haudin oan tae us?

Nou, A hae nae doot ava that we are mair nor capable o rinnin oor ain economic affairs. Aw the auld Government figures showit jist hou muckle siller went oot o an cam intae Scotland. We were a net contributor tae the British Empire (as then wis) up tae WWII. Here's whit businessman Gordon MacIntyre-Kemp, screivin on the Business for Scotland wabsite (http://www.businessforscotland.com/question-ask-every-unionist-gers/) had tae sey anent this:

> Why, when Scotland is a country with an embarrassment of economic advantages that any small to medium-sized independent country would give their left arm for, do we have a financial deficit greater than any other

independent European nation of similar size? Why, if we
really are Better Together and the basis of our economy is
so strong, are we not doing better than those we would
benchmark against? Why, when being run from
Westminster is supposed to be such an advantage, does
GERS (the Government Expenditure and Revenue
Scotland) report clearly demonstrate that it isn't. Look at
benchmark nations, ones with a similar-sized population
to Scotland that coexist in the same Western European
geographic, economic and political environment, but are
independent. According to GERS all Scotland's
benchmark independent EU members (and Norway) are
financially better off than Scotland – how come?

Nou, ae answer tae the quaistion o hou on their ain reckonin
we are in need o life support yet they dinnae want tae let us go
concerns Trident, the supposed nuclear deterrent. Cuid it be
that the pouers that be in London want tae hing on tae
Scotland as pairt o their United Kingdom fer the simple reason
that it lets them keep Trident far awa fae their ain bit? It's no
somethin that ye wuid pit ayont them, is it? It's no the ainly
reason, but ye ken fine the pouers that be hae thocht aboot it.
In the airticle quoted, MacIntyre-Kemp goes on tae pynt oot
that the real, maist subsidised pairt o the UK is in fack London.
Oniebuddie that doots that the intrests o London – an maist
particklarly the City o London – come afore awthin else amang
the Westminster elite needs tae ask theirsel gin this is acceptable
in a modren democratic state. An, gien the historie o MOD
inefficiency an corruption, neer mind the potential fer the
Trident base tae be a military tairget, ye cin see that there micht
be somethin tae the norie that keepin sic dangerous weapons

far awa fae whaur thae 'pouers that be' bide, is important
tae them.

Nou, there is nae doot that maist Scotland's fowk are agin
haein Trident – the vast majority o oor political representatives
in baith Pairliaments hae made their position clear an ilka poll
that asks aboot the nuclear scunner maks it equally clear that
the fowk are maistly in agreement. This his led tae a seetuation
that micht surprise ye, seein as ye hear no a squeak aboot sic
maitters in oor 'free an democratic' media. Jist as fowk across
oor planet see that the fowk o Scotland are ettlin tae peacably
walk awa fae an increasinly disfunctional an anti-democratic
political union wi nae suggestion o violence, likewise there are
monie o them that look tae us tae gie a lead on the haill notion
o gettin quit o the madness o nuclear 'deterrence'. This is
mebbes no the place tae dae it but shuid we no be reveesitin the
dementit norie o Mutually Assured Destruction?

The United Nations is in the process o passin a treaty cryin
fer a total ban on nuclear weapons. Activists aroun the warld
dinna jist see an independent Scotland as the best howp fer bein
the first state tae get rid o yon foul – yet profitable fer some –
weapons, but as settin an example that cuid be follaed in ither
places. Hou? Weel, in the vote for sic a ban on nuclear
weapons, as ye wuid expeck, Russia, America an their
lickspittle European NATO hingers on, as weel as the apartheid
state o Israel, aw voted agin it. Yet China abstainit, India
abstainit, an Pakistan abstainit. True, they didnae vote tae
support the ban, but bi no votin agin it ye cin see that, gin the
process cin be stairtit, they micht be onside tae tak seriously the
need tae stairt decommissionin nuclear weapons. But that's no
aw. North Korea, the rogue Communist state that sae flusters
the Neo-cons, an their psycophantic follaers in the Tory

pairties, voted tae support the ban. Nou, ye didnae hear that in the MSM did ye?

Whit gies me howp is that Scotland takkin back its independence is clearly seen bi fowkin monie kintras in the warld as a positive step fer humanity as a haill. This is ane o the reasons hou the British estaiblishment, the MSM, an particklary the VoW, are sae insistent on rampin up fowk's fears aboot the financial insecurity o independence. They ken fine that Scotland cin no jist flourish economically, but cin actually hae a place in the warld that fowk look tae at a time whan the Empire Loyalist mentality o sae monie supporters o the British status quo are scrabblin aroun like heidless chickens ettlin tae come up wi some ploy that'll lat them cairry on believin they are in some wey special.

Weel, as Jock Tamson himsel micht hae said, 'A ken fine A'm nae better nor oniebuddie else, but A'm nae damn waur.'

Aye But?

A HEAR FOWK seyin that they are proud tae be Scottish but…

We're ower puir tae survive on oor lane

This argiement is foondit on the notion that Scotland cin ainly survive wi hand-oots fae Westminster. Leavin aside the quaistion o hou they wuid want tae spend English fowk's tax money in a kintra whaur less nor a quarter o the electorate support the Tories, the notion we're ower puir tae support oorsels flees in the face o aw reason. Aye we nae langer hae the shipbuildin, the mines an the foondries – thanks fer that Maggie – but there's a lot o ither stuff. The oil micht be rinnin doon, but there's a lot left an we hae the potential tae be Europe's green pouer capital. That's a maitter o geography – tho we cannae compete wi Spain or Italy or Greece in developin solar pouer, baith wind an wave pouer are gonnae be pairt o the future, an Scotland is jist the place fer that. Then we hae oor fishin an fairmin sectors, the warld-wide whisky trade, the maist developit electronic games sector in Europe, an tourism. Compare us wi ither kintras wi the same nummer o fowk an ye'll see that we are in nae wey puir.

PS Dae ye think it's only aboot siller oniewey?

We get mair oot than we pit in

Weel, as Business fer Scotland keep pyntin oot, it's no that difficult tae compare us wi ither sma kintras that are daein weel, wi less advantages then we hae. (http://www. businessforscotland.com/) Muckle o Scotland's GDP is enterit as bein England's, fer the reason that sae monie heid offices are doun in London. Bi this wey o lookin at things, some fowk reckon Diageo, that owns sae monie o Scotland's whisky brands, is a British Company. Likewise, the turnower – includin profits – o rail franchise companies isnae coontit; an there's a hail lot mair the same. Whan the UK governent did still publish the simple figures o whit Scotland pit in an got oot, the figures tellt a faur clearer story. The reason they stoppit daein that A'll leave ye tae figure oot fer yersel. This table is fae the early pairt o last century, includin years whan Lloyd George wis Chancellor:

Year	Revenue from Scotland	Expenditure in Scotland	Contribution to Imperial Services	% Spent in Scotland	% Spent Outside Scotland
1900	£16,859,000	£4,973,000	£11,886,000	29%	71%
1901	£18,135,000	£4,925,000	£13,210,000	27%	73%
1902	£19,587,000	£5,059,000	£14,528,000	26%	74%
1903	£20,311,000	£5,145,000	£15,166,000	25%	75%
1904	£18,550,000	£5,377,000	£13,173,000	29%	71%
1905	£18,808,500	£5,664,500	£13,144,000	30%	70%
1906	£18,877,000	£5,699,000	£13,177,500	30%	70%
1907	£18,811,000	£5,962,500	£12,848,500	32%	68%
1908	£18,847,500	£6,300,500	£12,547,000	33%	67%
1909	£13,527,500	£6,654,000	£9,383,500	49%	69%
1910	£16,196,000	£7,450,500	£6,687,500	46%	41%
1911	£22,321,000	£7,927,000	£12,033,000	36%	54%
1912	£20,900,000	£8,311,500	£10,331,000	40%	49%
1913	£20,900,000	£8,311,500	£10,331,000	40%	49%
1914	£23,488,500	£10,105,000	£11,204,000	43%	48%
1915	£25,962,000	£10,178,000	£14,564,000	39%	56%
1916	£25,962,000	£10,178,000	£14,564,000	39%	56%
1917	£58,600,000	£9,763,000	£52,214,500	17%	89%
1918	£58,600,000	£9,763,000	£52,214,500	17%	89%
1919	£92,307,500	£19,527,500	£77,794,000	21%	84%
1920	£113,525,000	£28,990,500	£84,496,500	26%	74%
1921	£120,386,000	£33,096,000	£86,657,000	27%	72%

We're jist ower wee

In terms o population, accordin tae the United Nations there's 233 nations in the warld an 118 o them hae mair fowk nor Scotland. That means there's 115 kintras wi less fowk than us. An affy lot o these kintras wuid be delichtit tae hae the resources that we hae. Sae whit is the problem here?

Are we no better aff as pairt o a bigger kintra?

Weel, whan ye consider jist whit his been happenin ower the past couple o decades athin the United Kingdom wi the profitisation o sic things as gas an electricity (meanin prices are aye gangin upwards tae ensure mair profit), the railways an the current heidlang attempts tae profitise the NHS, whit is better aboot onie o thon? Few o us vote fer Tories, but monie in England dae, an sae we get stuck wi haein tae thole siccan policies. An independent Scotland micht be wee bit it'll be a place whaur we dinnae hae tae bou the knee tae politicians wha are nae mair nor a front fer profiteers an privateers. Anither thing is that, awa fae the pathetic fantasies o Empire past, we will hae nae need, nor wish, tae get draggit intae illegal wars an global Yankee adventures.

We'll no get oor pensions

This wis ane o the argiements that wis a central pairt o 'Project Fear' (the MSM's dreichly negative 'coverage' o the Independence Referendum in 2014). It is a blatant lee. The entitlement tae the state pension in the haill o the UK is protectit bi law. Hou come sae monie Brits bide in Spain an ither places roun the warld, an hae nae bather in accessin their pensions? But somehou Scots are supposed tae think that Scotland is diffrent. Hou wuid that come aboot? The only wey it wuid be feasible that pensions wuidnae get peyit wuid be gin the Government o the rUK – illegally – stoppit peyin oot pensions tae fowk in Scotland – pensions that were awready peyit fer – oot o sheer spite. Nou, the *Daily Mail* an the *Telegraph* leader-writers micht be happy gin they did jist that, bit it wuid be illegal; gin ye hae peyit yer contributions, yer pension is a legal entitlement, no a gift fae the British Government.

Aw the trade wi England'll stop

Jist like the havers aboot the pension, this is jist a lee tae try an fleg fowk. Whit wey wuid English businesses want tae cut aff their nose tae spite their face? Fer that's whit wuid happen here; the trade wi England isnae a charity hand-oot – it's trade. Gin the rUK Tory government wantit tae impose extra tarriffs on Scottish goods that wuid likewise hurt companies, an consumers in England, sae why wuid they, ither than (agin) sheer spite? A lot o the Tories an Whitehall mandarins micht like tae, but they're no daft; or as the auld seyin his it: business is business. An businessmen arenae commonly ower keen on losin siller jist fer ither buddies tae mak a political pynt.

We'll no get intae Europe oniewey

This is an argiement born oot o sheer desperation.
We aw mind hou we were telt in Project Fear that the
only wey we cuid bide in the EU wis tae vote No. It's the
majority in England and Wales that's draggin the UK oot
o Europe, an the politicans o Europe aw ken fine that
Scotland – at the meenit a constituent pairt o a
memberstate o the EU, wi aw the richts fer its population
as applies wi aw ither European kintras – wants tae bide.
Gien the importance o Scottish fisheries tae Europe,
they'd be daft tae want tae see the back o us; an seein as
maist European nations hae clearer veesions o the
necessity fer mair green pouer, Scotland's role in
developin wind an wave pouer is affy attractive tae
them, forbye. The fack that the witterins o ilka richt-
wing Spanish politician ettlin tae cling on tae Spain's
control o Catalonia – agin the wishes o the fowk there
– gets plaisterit ower the MSM cheenges naethin. Europe
kens we are keen tae bide, an their politicians will dae
aw they cin tae mak it happen. It's no a duin deal, but
the fack that we are agin the Little Englander
xenophobia o Brexit is clearly unnerstood in Europe.
There's a wheen o fowk in Scotland that dinnae want us
tae be in Europe at aw, an we shuid mind that aince we
are oot fae alow the Wanchancy Covenant, we cin look

at ettlin tae set up some new arrangement alang the lines
of some o the Scandic launs, or, as monie ithers wuid
like, hae a richt go at tryin tae improve things in Europe
as a haill. In post Brexit rUK, or whitivver else it gets
cried, siccan things'll no happen.

Ma faimlie in England'll be foreigners

This argiement, sae favourit bi Labour politicians screamin oot 'SNP BAD' as their traditional voters desert them in droves, flees in the face o aw common sense. Whit will happen is that Scots-born fowk wi British passports will be able tae tak oot Scottish anes as weel, an no hae tae surrender oor British anes gin they want tae hing on tae them, an naebuddie his ivver seyed onie different. An fowk in England will be alloued tae apply fer Scottish passports, forbye. This is fae the British Government's offeecial wabsite (https://www.gov.uk/dual-citizenship):

> Dual citizenship (also known as dual nationality) is allowed in the UK. This means you can be a British citizen and also a citizen of other countries.
> You don't need to apply for dual citizenship.
> You can apply for foreign citizenship and keep your British citizenship.

But wuid A no be better aff wi a British nor a Scottish passport?

Eftir independence it'll no jist be Scotland that's in a new place. Whit will the rUK be? Weel it'll no be Great Britain nor the United Kingdom, nae maitter the imperial fantasies o Farage, May an the rest. Sae, as lang as we hae oor international relationships, baith wi the EU an the rest o the warld, sortit, whit fer wuid a Scottish passport no be acceptable aroun the warld? The argiement that a British passport is somethin special is jist mair o the English exceptionalism that Prof Boyle exposed sae succinctly.

There'll hae tae be border posts

This is a particklar doozie o an argiement. Ye micht hae noticed that Theresa May went oot o her wey tae assure the Irish that there'll be nae return tae a hard border atween them an Northern Ireland – it wuid be a political disaster that cuid bring back the Troubles, an she kens it. Yet we are supposed tae believe that Scotland is siccan a special case that we'll hae tae get border posts. Nou, A ken a lot o the Tories are still makkin gomerils o theirsels, thinkin that they cin pick an choose whit they'll get eftir Brexit, but that's jist hubris.

We'll hae far ower muckle debt tae survive alane

This notion is predicated on the idea that a new nation'll no be able tae borrae siller fer the reason that aw the international lenders will be askin far ower high rates due tae the fack that we hae nae historie o peyin national debt. Nou, this wuid be a real problem, fer Governments need tae borrae siller tae keep things like eddication, the health service an the transport infrastructure gaun. Houanniver there's a wee hindrance wi this notion: an independent Scotland will be debt free. Aw the current debt we currently are peyin sae muckle interest tae service is British, no Scottish debt. Sae eethir we walk awa fae it – an bankers wuid be rubbin their hauns tae deal wi a debt-free state – or, as will mair likely happen, the Scottish Government wuid accept a share o it in return fer a fair share o common assets forbye, which at ae stroke wuid show aw the banks that Scots cin be trustit an are a guid bet. The fack that bi onie standarts devolution his warkit weel in Scotland – wi baith Labour an SNP admeenistrations willnae hinder eethir. Aince mair this argiement basically says it cannae wark on accoont o the fack that Scotland's a basket case, or that the English willnae play baw wi us oot o spite – which wuid mean them inheritin oor share o the current National Debt. Havers.

We've duin weel this far, hou cheenge

This is a notion that seems tae be attractive tae a lot o fowk. Nou, ye cin unnerstaun a reluctance tae cheenge, a sweertness tae face potential uncertainty in the future. The problem is, gin ye stairt lookin at hou things actually are, there's wheen o quaistions that aye keep comin up. The idea o us bein ower puir is pairt o this, fer if we really are siccan an economic basket case, whause blame is that? We hae only had oor ain Parlie fer a wee whilie an the in-biggit problems o deprivation that sae blichtit Scottish society the day hae been aroun fer a fell lang time – an fer maist o that time we are supposed tae hae been flourishin as pairt o the Great British Empire? Forbye that, Holyrood disnae hae aw the pouers necessar tae sort things oot (in spite o the sleekit bleatins o various Scottish Tories an the MSM). An the Tories hae plans fer mair an mair austerity as they cry it – meanin puir fowk'll suffer even mair, an the middlin sort'll be warse aff, while the rich will get tae grab even mair. If that's whit ye want, admit it, but dinnae tell me there's benefit fer the maist o Scotland's fowk in hingin on tae Brexit Britain.

But did Scotland no dae weel oot o the Empire

It cannae be dootit that some fowk did affy weel, but maistly the yunger sons o weel-aff faimlies. Fer ivvery warkin class lad that got a joab oot in the Empire, there were dizzens mair slavin in coorse an unsanitary conditions in the factories an mills that were churnin oot the goods that alloued the British Empire tae dominate sae muckle o oor planet. An even places whaur there wis lots o wark, richt across Scotland's industrial belt, an in the minin areas, the struggle agin the avariciousness o the bosses nivver stoppit. An aince the warkers wernae needit, they were flung ontae the scrap heap wi hairdly a thocht. This is the wey o the British capitalist state, an in spite o some guid years fer the feck o fowk in the '6os an '7os, it hisnae cheenged ither nor getting an affy lot worse these last few year.

Bein pairt o the UK means we share aw the cost o government wi aw the ither 60 million fowk; shairly we'll no be able tae afford it on oor lane?

Weel, jist think o whit we widnae hae tae pey fer – things like the bampot bedlam o the Hoose o Lords, HS2, an ither London-based vanity projecks like the Olympics. We wuid also no hae tae be pittin in the near £700 million we contribute at the meenit fer 'external services', aid, embassies an consulates, etc. An aw thon is afore even conseederin the obscene costs o Trident. Oor Parlie awready peys fer a great muckle, an we wuid hae tae add peyin fer admeenisterin oor ain tax system. This, tho, wuid open up opportunities, like fer instance reversin the cuts tae the Tax Inspectorate that hae been sae pushit thru by baith Labour an Tory pairties tae stop them gangin eftir rich tax-dodgers. This wuid raise siller forbye makkin the tax system fairer. An sic efforts will hae the bonus o creatin jobs.

Reasons tae be Cheerfu

In an independent Scotland we cin howp that:

- aw bairns will get an equal chance at reachin their potential

- we will hae a national braidcaster that kens the diffrence atween fact an propaganda

- there'll be nae mair nuclear convoys gangin thru oor touns an cities

- we'll no be draggit intae illegal an immoral wars

- the land will be lookit at thru ither nor lairdies' interests

- aw areas o Scottish culture will get the support needit

- oor eddication micht aince agin lead the warld

- a green energy future will be assured

- the worship o Mammon willnae be at the hairt o governance

- we cin hae a sensible an sustainable fishin policy

- land will be affordable fer yung fairmers

- hooses will be fer bidein in, no investin in

- the gless ceilin will get
  dung doun

- the dreams o Empire will
  hae nae traction

- aw will be equal afore
  the law

- oor fu historie will be heard
  an taught at aw levels

- polluters will pey – especailly
  in the North Sea clear-up

- the offices o government
  will be spreid aroun the
  haill kintra

- we'll cin introduce democratic
  reform o local government

- corporate lobbyists will be
  bannit fae Holyrood

- a proper plannin regime based on publick guid will be pit in place

- transparency in government will be the norm

- oor government willnae promote the sale o weapons

An aye mind, settin yer sichts low micht avoid disappyntment, but willnae achieve muckle.

The Back o the Ha

A FIRST HAD THIS POEM, 'The Back o the Ha' publishit in the
Scottish literary magazine *Chapman* in 1991. Een back then it
wis plain hou things were cheengin an that there wis growein
evidence hou the cultural revival o aw things Scottish wis
stairtin tae mak a difference tae life here.

> The cry came up unlookt fer
> fae near the back o the ha
> the place whaur the puir fowk hunker
> that bide tween the win an the wa
> 'Whit is this we ye crack o,
> as yer wards grease the bools in yer mooth?
> Ye've nivver felt hungerin's slaver
> this 'we' kens naethin o drooth,

thon terrible drooth fer freedom
tae hae things the wey *we* wuid like
wi'oot yer poleetical con-gemmes
that only suroond us wi dikes,
there tae mak siccar that preevilige
bides jist as it is fer the few
an them that accept ye as leaders
jist bigg up their prisons anew.
But as ye gie yer aw fer the nation
ye're jist ike the rest o yer ilk
peyin fer yer bairns' eddication
dressin yer douce wives in silk.
An then ye come back an ye tell us
we're aw o us on the same side
but we ken whit ye're tryin tae sell us
an we ken hou aften ye've tried
an ivver ye mind us o freedom
but yer freedom's jist no warth a toss
fer we're nou a wee bittie canny
sae think politics is jist a cross
scrievit on a wee bittie paper
ivvery five year or so
that yer club cin continue tae function
an yer influence continue tae grow;
an ye come back an tell us we're British
an remind us o aw ye hae duin
but as soon as the coontin is ower
we ken fine whaur it is ye will run;
back tae the Bigtoon like lightnin
tae strut an tae pose mang yer freens
siccar ye've maistert the recknin

o pouer, o wealth an o dreams
an back here we're aince mair forgotten
like a backyaird fair throttlit wi weeds
oor problems nae warth takkin tent o
an mickle concern fer *oor* needs,
then ye fill up oor laun wi corruption
wasteland, pollution an bombs
an aince mair our touns ken starvation
an aince mair the rickets returns.
Weel, we ken weel that this is yer midden
whaur aw things unsichtly are hid
but thistles aye best grow unbidden
lang eftir it's thocht they are deid
so ye cin tak yer fine wards an orations
an keep pleyin at yer auld gemmes
ilk day ther's mair ken yer fictions
created in guid freedom's name
an we ken fine whit it is ye are daein
claimin tae wark fer us aw
cin ye no hear the chain-links snappin
up here at the back o the ha?

Luath Press Limited
committed to publishing well written books worth reading

LUATH PRESS takes its name from Robert Burns, whose little collie Luath (*Gael.*, swift or nimble) tripped up Jean Armour at a wedding and gave him the chance to speak to the woman who was to be his wife and the abiding love of his life. Burns called one of 'The Twa Dogs' Luath after Cuchullin's hunting dog in Ossian's *Fingal*. Luath Press was established in 1981 in the heart of Burns country, and now resides a few steps up the road from Burns' first lodgings on Edinburgh's Royal Mile. Luath offers you distinctive writing with a hint of unexpected pleasures.

Most bookshops in the UK, the US, Canada, Australia, New Zealand and parts of Europe either carry our books in stock or can order them for you. To order direct from us, please send a £sterling cheque, postal order, international money order or your credit card details (number, address of cardholder and expiry date) to us at the address below. Please add post and packing as follows: UK – £1.00 per delivery address; overseas surface mail – £2.50 per delivery address; overseas airmail – £3.50 for the first book to each delivery address, plus £1.00 for each additional book by airmail to the same address. If your order is a gift, we will happily enclose your card or message at no extra charge.

Luath Press Limited
543/2 Castlehill
The Royal Mile
Edinburgh EH1 2ND
Scotland
Telephone: 0131 225 4326 (24 hours)
email: sales@luath.co.uk
Website: www.luath.co.uk